菊島廚房食記

從香料群島漂流到漁人之島

南洋料理達人——劉明芳

澎湖縣長 賴峰偉

澎湖是國際島嶼，如同海洋般開放，有許多來自各地的人在澎湖定居，劉明芳就是其中一位，她以印尼華僑的視角發掘澎湖飲食文化的獨特性，以及與南洋華人的關聯。這是一本具有市井觀察、文化對比意義的書，更是一本引人入勝的澎湖生活札記。

駐臺北印尼經濟貿易代表處 代表 章溥帝

"Buku tentang makanan yang menarik dan wajib dibaca……Melalui makanan kita akan saling mengenal satu sama lainnya……"

一本關於飲食的書，既吸引人也必讀……透過飲食讓我們認識彼此……。

前派駐印尼外交官、作家 李東明

從香料群島的印尼漂流到臺灣最後落腳澎湖後，明芳再度透過細膩的在地文化觀察，以及對印尼故鄉的思念，激盪出這本色、香、味具足的《菊島廚房食記》，有將兒時記憶的參巴醬（Sambal）與澎湖黑蓋番茄結合的美味嚐試，也有將澎湖特產冰花搭配南洋什錦水果—羅惹(Rujak)的味蕾創意分享……讓我也開始想念十年前駐留印尼香料群島時的一幕幕美食饗宴！

作家、詩人 楊渡

二〇二二年，距離荷蘭人進佔澎湖的四百多年後，我站在風櫃尾的海邊，像考古學家，想要尋找荷蘭人在大航海時代的遺跡，卻只有找到斷垣殘壁，以及澎湖有人曾生下紅頭髮、白皮膚下一代的傳聞，據說那是荷蘭人隔代遺傳的基因。

然而，我卻在一個印尼來的姑娘和她的美食上，找到大航海時代的巴達維亞（也就是今天的雅加達），以及文明的交會。

這個印尼來的華僑姑娘，先是在臺北讀大學，成為臺灣的媳婦，而後與丈夫女兒長住澎湖，用她來自香料群島的歷史文化，對比漁人之島——澎湖的生活文化，而有非常鮮活的趣味。

最有意思的是，她用敏感的味覺與觸覺，以南洋美食家的底蘊，結合了澎湖在地食材，製作各種美食。最後，還用輕快活潑的筆觸，仔細講述如何運用澎湖食物的特性，創造出南洋風格的美食，寫成《菊島廚房食記——從香料群島漂流到漁人之島》一書。

想到澎湖與巴達維亞碰撞四百多年之後，終於有來自香料群島的作者，以文明對比的方式，觀察漁人之島，書寫澎湖，並且以巴達維亞香料和澎湖食材為基底，創造出非常好吃的料理，我就忍不住讚嘆，這因緣到底是幾生幾世註定的！當年荷蘭人如果會這樣吃，或許不會活得那麼痛苦了！

明芳在書中寫道：荷蘭曾殖民過的巴達維亞，因為聚居著來自東亞各地的人，已形成特殊的「巴達維人」（Batawis）。他們的語言以馬來語為基底，混雜著巽它語、荷蘭語、葡萄牙語、閩南語、阿拉伯語，自成一格。例如它的你，就是類似於宜蘭腔的「汝」。而它的藝術文化、慶典習俗也融合閩南、馬來、荷蘭、伊斯蘭文化等，這種混合的文化，確實是大航海時代各民族在這裡交會貿易，通婚生育，才可能生成的新文化。

這些對臺灣都還很陌生，偏偏巴達維亞的荷蘭人曾影響臺灣如此之深。還好，明芳帶著巴達維亞的香料與食物，一種味覺與嗅覺的記憶，來到澎湖，為我們喚醒那些古老的歷史，遙遠的文化，並用美食與生活化的對比，讓我們看見文明交會的另一種可能。

我忍不住會想，如果當年的荷蘭人有明芳來當廚師，每天可以吃到一些美味的食物，例如巴東牛肉、椰糖南瓜西谷米、烏魚子櫻花蝦炒飯、土魠魚烤魚板、咖哩雞等等，或許就不會那麼絕望了。

那麼，快樂的荷蘭人會不會在澎湖留下更多紅頭髮的遺傳基因呢？

天知道！你快去看書中的美食就知道。

聯合數位文創營運長　李佳諭

看過明芳《菊島廚房食記》，好像地毯式體會澎湖精彩的生活，很過癮。

「我喜歡特色料理，菊島廚房食記的美食，吊足我胃口，巴不得馬上來嚐嚐。海膽仙人掌炒飯、南洋潮州鴨母捻、泰式風味冰花沙拉、哈密瓜威士忌奶昔、丁香參巴醬、巨港甜不辣……。

南洋香料結合澎湖食材，跨時空和文化，融合成熱情的料理，味蕾精彩萬分的探索。

愛飯團網站 執行長　許心怡

對食物的熱情，造就了劉明芳成為了一名食譜的作者。但是真正對生活的這塊土地的熱情，才讓這本結合了澎湖食材和南洋美食的書，出現在我們的書架上。其實，劉明芳不只是一個愛做菜的人，而是一個擅長用美食來說人生故事的人。

愛飯團總經理、美食作家　吳恩文

明芳的血液裡一直流淌著島嶼海港女兒「樂觀、熱情又溫暖」的基因，從印尼到臺灣，再從新北到澎湖，我們透過她的眼光、味蕾、巧手，又再一次認識澎湖的風土食材，把她對家鄉的美食記憶慢慢揭開，香料食材雖然似曾相識，但又一點一滴在澎湖的餐桌上重新演繹，融合出令人耳目一新的樣貌。

高雄廣播電臺主持人　林利

和明芳初相識，直覺這位女子像極了一朵嬌艷的紅玫瑰。後來得知明芳移居澎湖，熱情奔放的她又讓我聯想到那火紅綻放的天人菊！不管身在何處都可以把生活過得有滋有味似乎是她的專長，看到那澎湖的物產經她的手變成一道道南洋風味料理，不僅視覺上好撩人，心也被勾得想朝澎湖奔去。

食時創新餐飲集團 廚藝總監　林勃攸

《菊島廚房食記》挑起我無限的好奇。

明芳這次又變化出甚麼的料理呢？透過南洋的手法以及對香料的運用，不必遠道尋求珍貴的食材。更能讓我了解澎湖的人文風情以及美食同時看到豐富的知識以及明芳的烹調手法。這是一本好書也是本工具書，我推薦給大家！

榮新診所營養師　李婉萍

看完這本書我最大的心得就是我好想去澎湖玩，好想去澎湖吃美食，想來點一杯哈密瓜威士忌，嚐一口仙人掌椰糖麻糬。還有到日本沖繩必吃的「海葡萄」原來澎湖就有！這麼豐富的食材藉由明芳的妙筆，以及精湛的手藝呈現出來我好想去澎湖渡假！

Facebook社團「過上好日子」創辦人　Vinz Chiu

展讀明芳新書，澎湖群島生活的萬般情味躍然紙上！這不僅是本實用的料理書、令人垂涎的飲食記，更是教人心生嚮往的地方誌。看完《菊島廚房食記》，很難相信明芳只是移居澎湖不到二年的新移民，她以自身經驗印證了「只要用心過生活、天涯無處不是家。」

美食作家　沈軒毅

我總是稱明芳為南洋香料達人，初次品嚐她親手以香料搗磨、醃漬、火烤的沙嗲後，內心不禁呼吼著「為什麼要讓我吃上這麼好的沙嗲，我以後吃不到怎麼辦哪！」也學得許多香料的運用方式。自從明芳移居澎湖後，她總是以文字分享菊島人文風光，逛市場採買、品嚐在地小食，總讓人彷彿親臨感受到活力。

透過明芳細膩觀察，臺灣菜粿、澎湖菜繭與印尼菜包粿，臺灣鳳片糕、澎湖肪片糕和印尼軟糕，還串起了三地的文化脈絡。

我更欣賞她巧手將澎湖特產化為一道道美食，仙人掌汁做椰絲球、黑蓋番茄炒參巴醬、土魠魚漿變模特兒豆腐、巨港甜不辣，全都融合了在地與南洋風味。

澎湖真的是最美麗的海上桃花源。

contents

意外的漂流，美味的激盪

我在印尼出生，十五歲搬來臺灣，二十六年後又搬到澎湖，從香料群島橫跨千里來到福爾摩沙臺灣，又越過臺灣海峽來到漁人之島——澎湖群島。人生像是難以預測的方向，也充滿各種可能的漂流。

如果我沒搬來澎湖，可能永遠不會寫有關澎湖的書，這是一本不在我的寫作計畫，卻用超過一年半時間來寫的書。搜羅我從澎湖的海邊、田地、菜市場到餐桌，漁人、農夫、市場攤販、街坊鄰舍、友人分享的食材常識、料理訣竅，以及我觀察的澎湖飲食文化。

我出生在四季如夏、物產豐饒的印尼，十五歲到臺灣後，一直住在臺北城。習慣了印尼多元豐富的食物，臺北城目不暇給的美食，初到澎湖，面對土壤貧瘠、海風又大的澎湖，不太能適應。後來發現澎湖人竟能在如此艱困的天然條件下，種出澎湖絲瓜、冰花、黑蓋番茄等鮮甜可口的蔬果，漸漸地佩服澎湖人的堅韌，而澎湖的食材、飲食文化也為我激盪出新鮮的南洋料理火花。

澎湖人日常飲食以海鮮為主，烹飪方式多為蒸煮、清炒、烘烤等，鮮少使用台式料理常用的醬油、醬油膏，也不常以米酒去腥，雖說澎湖人料理方式簡單，但要保留海鮮的天然鮮味，看似容易，卻隱藏著大學問。和臺灣本島相較，澎湖飲食樸實無華。口味方面，臺灣本島嗜甜，澎湖偏鹹。兩者若再與重視辛香料和調味的南洋料理比較，則皆顯得清淡、簡便。

穿梭在田間、漁市、超市，澎湖食材帶給我許多新靈感，也勾起我兒時的回憶！我是個念舊的人，想起印尼華人重視過節，而至今澎湖人仍熱鬧過冬至、元宵節等，實屬難得，在此也記錄澎湖人喜慶必備的古早味食物。澎湖四周皆海，不免也讓我想起印尼的童年，到海邊玩水、野餐，有時會搭船到小島浮潛。印尼熱帶島嶼微風徐徐、沙灘潔白柔軟，椰子樹熱情招喚，至今難忘！

此書詳盡介紹利用澎湖食材製作南洋料理、點心的方法，現在網購便利，讀者在臺灣本島也買得到澎湖食材以及南洋辛香料，不妨在家裡自行料理，享受有趣的飲食體驗。

在國內浩繁的飲食類書籍中，關於澎湖的專書並不多，多數臺灣人也對澎湖印象模糊，希望讀者能透過這本書，與我一同感受澎湖獨特的飲食文化，以及澎湖與南洋料理創造的新風味。

此書能順利出版，得力於許多人的協助，包括城邦麥浩斯社長張淑貞及其團隊，也感謝眾多前輩、友人撰寫推薦文，為本書增添光采。特別感謝我先生的支持，女兒的陪伴，我得以盡情寫作、開心做料理。當然，這一切都是天主美妙的安排，感謝天主！

Part 1

從香料群島漂流到澎湖

一九九四年八月我從印尼雅加達蘇卡諾哈達國際機場，搭機到臺灣中正國際機場，當時我十五歲，一個人提著行李，坐上中華航空飛往臺灣的班機。事隔二十六年，我又搭機離開臺灣本島從松山機場到澎湖，這次，除一箱行李，身邊多了七歲的女兒。

行前諸多親朋好友七嘴八舌，有祝福也有擔心，但無論大家對澎湖的印象是好是壞，是夢幻浪漫，還是鳥不生蛋，我仍決定搬家。二〇二〇年八月十五日，我和女兒搭著立榮航空飛往澎湖與先生會合，展開在澎湖的新生活！

1-1／說搬就搬的命中註定

身為華僑，我從小習慣搬家，父母經商，我記憶中的幾次搬家經驗，常是因某某地方較好做生意，二話不說，全家人就搬到該地生活。從我出生到讀初中都在印尼的不同島嶼、不同城市遷移，搬來臺灣後在板橋的華僑中學讀完高中，之後到大漢溪對岸的新莊讀輔仁大學，算算在新北市住最久，成了「新北市人」。

回想自己和同是華僑的同學，我們好像天生註定要到不同地方生活。因此，華僑通常適應力好，交友能力佳，很快就學會或聽懂不同語言。我以華僑為傲，自認流著華僑血液，能以天下為家，無論到何處都能生存。所以，對於要搬到澎湖，當然自信滿滿！

倒是一些臺北的朋友七嘴八舌，議論紛紛：「澎湖很鄉下，沒有百貨公司、沒有捷運、地方小、夏天熱、冬天風大，妳應該會不習慣。」母親更是擔憂，一會兒擔心澎湖不方便、一會兒操心我女兒的教育，最重要的是，澎湖離娘家太遠了！

我安撫親友說，其實我不怎麼愛逛百貨公司，每次經過臺北忠孝東路，若非要購買日用品，否則都會急忙走過，不喜歡擁擠，因為人一多我就容易頭痛。

至於母親擔心孫女教育，我要她老人家放心，我還不是曾在印尼鄉下念過書，在蘇門答臘的楠榜省鄉下可達布迷（Kotabumi）住了一年之久，跟印尼人一起讀公立小學，之後才轉學到楠榜省會的班達楠榜基督教會私校就讀，功課也仍跟得上城市的孩子。

我來臺灣後，一開始中文不好，學習較吃力，但之後的功課大致不錯，大學時還拿過多項獎學金呢！讀書全憑個人，愛讀書的人，不用人逼，就是會讀。所以我一點也不擔心女兒的教育，但多少感受到親友們的擔憂裡，有對我的關愛與離情。

但也有少數親友一聽到「澎湖」，眼睛就閃閃發光的說：「好夢幻、好浪漫喔！從此與世隔絕、與世無爭，超適合妳呀！」

也有朋友說：「妳真幸福，可遠離吵鬧、人擠人的城市，在澎湖天天看海、看星星，住在獨棟別墅，小孩有美好童年，沒有繁重的課業壓力，真是有福！」

香料群島與澎湖的前世今生

雖然〈外婆的澎湖灣〉這首歌曲紅遍華人世界，但我在印尼不曾聽過，也不曉得澎湖，要不是我搬到臺灣、二〇一〇年曾來澎湖遊玩，以及後來先生到澎湖工作，否則我這輩子可能都不知道地球上有「澎湖群島」。

但澎湖很早就登上歷史舞台。漢人移居澎湖早於臺灣，「澎湖」名稱見於宋代史書，西元一二八一年元朝更在澎湖設立巡檢司。澎湖海域曾發現宋元時期的文物，史學家推測，從泉州出發到南洋的商船，必然經過澎湖。

提著一箱行李、一袋斑蘭葉，和女兒從臺北搭機搬到澎湖。

四百多年前，荷蘭人為了取得在歐洲非常昂貴的辛香料，建立聯合東印度公司到東方進行貿易，該公司總部設在印尼的首都雅加達，當時荷蘭人稱雅加達為「巴達維亞」。

印尼素有「香料群島」之稱，是丁香、肉豆蔻的原鄉，印尼還盛產各種香草、辛香料以及檀香、樟腦等，天然資源豐富。荷蘭人掌握印尼群島，等於擁有取之不盡的金脈！

此外，荷蘭人為了和中國明朝通商，先後在十七世紀初佔據澎湖兩次，希望以澎湖做為進入福建泉州的跳板。在荷蘭人盤算中，佔據澎湖可阻斷明朝和其他國家商船貿易，有機會獨霸亞洲貿易市場，取得最大利益，並迫使明朝開放貿易。

荷蘭人幾次和明朝官員談判時強調，需要獲得「巴達維亞總部」的指示，才能進一步討論。可見在大航海時代，澎湖已與印尼有所關聯，尤其澎湖的地理位置可當中繼站，進行補給，是列強必爭的海上要塞。

南洋有許多華人祖籍來自福建泉州、漳州等，想必先民移居南洋時，多少會在澎湖休息、補給，再繼續向南航行，尋找發展機會。或許也有一些人，當時就在澎湖落腳，世代在此安身立命。

遙想百餘年前，我的祖先從大陸遠渡南洋，也許曾途經澎湖。如今，我從南洋來臺灣，輾轉澎湖，搭著飛機已不須再冒險渡海，但內心對嶄新的未來依然波濤洶湧。

1-2／與南洋似曾相識，既熟悉又陌生

移居澎湖前，我曾到澎湖旅遊兩次。第一次約十年前，當時我和先生新婚不久，一有時間就去旅遊，如同多數觀光客，帶本旅遊書，租台摩托車就四處逛。

第一次來澎湖，除了玩本島，還坐船出海到望安、七美，看七美人塚、小臺灣、雙心石滬、吃海鮮，還玩水上活動。三天兩夜的行程，對澎湖留下海岸線比墾丁長、沙灘乾淨、街道整齊、有不少南洋杉路樹、水上活動不輸峇里島等印象。

第二次來澎湖旅遊，是二〇一九年四月花火節開幕。事隔十年重遊澎湖，從「浪漫雙人

部分澎湖人住家建築風格猶如南洋印尼華人，帶有復古風，很有味道。

行」升等為「親子之旅」，還邀朋友攜家帶眷共遊。這次沒租摩托車，改開七人座車，一樣到望安、七美，再次欣賞雙心石滬、小臺灣、大獅、龍埕等景點，在澎湖本島則是造訪「外婆的澎湖灣」、張雨生故居、二崁古厝，還到跨海大橋吃仙人掌冰淇淋。

來澎湖玩過兩趟，畢竟只當觀光客，對澎湖又能有多少認識？除約略知道網路、旅遊書上常介紹的澎湖景點、美食之外，我對澎湖還是陌生，不免會有臺北人看澎湖的盲點，或有著不切實際的想像。

就我個人經驗，要深入瞭解一個地方，往往需要連續住好幾個月，甚至三年以上才能說得上是真正認識。當中，還需多交當地朋友、逛逛當地人常去的地方、與當地人相處、對話，才能逐漸融入在地，同時還要試著以當地人的角度觀看、思考、理解事物。

回想先生說要去澎湖工作時，我舉雙手支持，還自告奮勇地說：「大不了，我們全家搬去澎湖。」我先生露出懷疑的表情問：「妳真的要搬到澎湖？」

走路的日常

搬來澎湖後，我努力融入澎湖人生活。我不會騎摩托車，而且長年住在臺北習慣搭捷運，導致我雖有駕照，卻不敢開車。因此，我決定在澎湖過著「走路的日子」。

走路，讓我有機會認識澎湖街道，深入觀察周圍環境。先生出差到臺灣時，我便走路送女兒上學，有時會到熱鬧的中正路商圈逛街，有時則到北辰市場、全聯超市採買日用品等。

走著走著，慢慢發現澎湖老店家的木窗、木門，猶如南洋印尼，似曾相識。

為了一探究竟，我停在路邊，觀察木門塗的顏色：藍色、黃色、白色、米色、綠色等，再觀察店內，有間老藥房擺放藥品的方式，猶如我小時候在印尼看到的景象，再看看老雜貨店，也很像我過去在印尼菜市場看到的樣貌。

小時候父親曾在印尼經營咖啡豆批發，店址就在人來人往的菜市場附近，當時我經常跟著父親到店裡，長大之後也常到菜市場替大人買日用品，因此頗為熟悉「市場人生」。

然而，我在臺北、新北生活二十餘年，不曾見過類似小時候的印尼雜貨店，但在澎湖小島卻能重新尋獲。剛搬來澎湖不久，有機會看見熟悉的景象，有種回到兒時居住在印尼蘇門答臘島巨港、楠榜的錯覺。

這份親切感，不是自我催眠，二〇一八年曾有大陸片商來澎湖拍戲取景，除了看上澎湖的美麗海景，也有一部分是澎湖街景有南洋

中正商圈的西藥房，有我小時候在印尼看見的藥房樣貌，很有親切感。

味，正好符合劇情需要。

馬公市住家巷弄，猶如我小時候在印尼的環境，人們住在透天厝、洋房，前門有庭園，種植多種植物。最常見的是雞蛋花，不少澎湖人住家、店面會種雞蛋花，白色、粉紅色、桃紅色的花朵皆有。夏天時葉子茂盛，可擋強光，減少炎熱感。花朵盛開時，甚是美麗浪漫。

雞蛋花很能適應澎湖的氣候、環境，不但可美化四周，還可綠化澎湖街道。每當看見雞蛋花，我就想起在印尼生活的點滴，宛如在渡假，如果澎湖有更多人家願意綠化美化自家住宅，而不是灌滿水泥，澎湖市區會有更濃烈的渡假氣息。

馬公市中正路商圈是澎湖的鬧區，也是觀光客逛街、購買伴手禮的好去處，但受限於早年規劃，街道狹小，人行道沒有太多空間種樹，不過仍有零星樹齡較久的雞蛋花，長得挺拔，樹幹厚實粗壯，到了夏天，便成為行人避暑、乘涼的好地方。

澎湖街道宛如南洋，市區通常一樓當店面做生意，二、三樓則為住家，生活型態如同多數印尼華人的日常，不同之處在於印尼有不少大型企業由華人創立，澎湖則少有大公司，以中小型或家族企業為主。

澎湖馬公市居民主要為軍公教人員，從事觀光旅遊業者人數次之，亦有世代經商者。馬公市之外，湖西鄉以農業為主，其他地區主要經濟活動為漁業，但從事漁業的年輕人愈來愈少，因此澎湖當地有近三千位外籍漁工填補龐大的勞動力缺口。

此外，早期澎湖各村落村民通常從事相同職業，形成木匠村、糕餅村、麵線村等，以湖西鄉紅羅村為例，過去半數以上男性是木工。

澎湖有句諺稱：「東甲好筆尾，南甲好櫓尾，北甲好龜粿」，表示媽宮城東甲文風鼎盛，讀書人居多；南甲靠近港口，當地居民擅長搖櫓駕船；北甲糕餅店林立，糕餅師傅濟濟。

移居澎湖後，我觀察到許多職業都是「父傳子」，例如到家中幫忙維修水電的工人，身邊就帶著兒子，傳授兒子如何維修水電。賣櫥櫃的老闆到我家廚房丈量，兒子也是如影隨形，協助父親工作，繼承家業。

打造峇里島居家風

澎湖有人力短缺的問題。剛搬家時，有意找清潔公司幫忙打掃，但正逢清潔業務繁忙的夏天，必須等一陣子才能安排人員服務，且報價是臺北的兩倍以上，我因此作罷。很認分的一個人從一樓掃到五樓，擦拭將近三十個玻璃門窗，將滿是灰塵的房子清理乾淨。

我喜歡待在家，能一連好幾天足不出戶，故特別重視居家環境，除必須整潔，還希望環境舒適優美。而澎湖，四周環海，使我想起小時候經常和家人到海邊野餐，不知不覺想念椰子樹，以及眾多熱帶植物。為此，我想利用家中門前空地種植樹木、花草。

想在澎湖種樹，設籍在澎湖者可向「澎湖縣林務公園管理所」免費取得樹苗，憑身分證，一人一天能拿十盆樹苗，但大部分樹苗很小，若希望家中儘快有樹蔭遮陽，就必須另尋他途。

正好遇到熱心的鄰居修剪自家雞蛋花，送我好幾根枝幹，我趕緊帶回家種，終於門前有一米多高的雞蛋花樹。好期待它快點長得高大，為庭園遮陽，開花供我欣賞。

打造峇里島居家風，複製兒時和在新北市的居家環境，使澎湖不再是陌生之地。

或許，我對印尼仍有眷戀，又或許我愛南洋風情，以及在熱帶生活的慵懶。所以來到澎湖後，渴望複製兒時的住家氛圍，創造富親和力的熱帶居家氣氛，使澎湖不再是陌生之地。

於是，我決定在中庭大量種植花草，室內也要佈置。經在地友人介紹，終於找到販售盆栽的商店，買了蝶豆花、黃金葛等，也請店家向臺灣植物商代訂黃椰子樹。同時，還將臺灣住家陽台種的薑黃、手指薑、山奈、斑蘭葉、貓鬚草、蝦夷蔥等運送到澎湖，一來可觀賞，二來煮飯做料理時，隨時有新鮮香草可運用。

在澎湖佈置居家並不難，因為有不少家具店，提供多樣風格的家飾品，從時尚都會風、工業風、渡假風、到浪漫夢幻的風格等，應有盡有。我因為住在市區，走不到幾步，就找得到好幾間家飾店，所以很快的完成居家佈置。

在澎湖找尋南洋味

忙完佈置後，喜愛南洋料理和烹飪的我，曾向先生及澎湖人打聽，到哪買得到南洋食材？所幸，馬公市有印尼商店、越南商店，雖然販賣的商品不如臺灣多元，且少有新鮮香料，但基本食材仍有供應。

不過澎湖的南洋商店，大多僅提供單一國家食材。越南商店只賣越南食材、印尼商店單賣印尼商品，且規模都沒有臺灣大。在臺灣，一家店往往販賣南洋各國食材原料，不僅便利，售價也比澎湖優惠。

細細觀察，澎湖與南洋熱帶島嶼有幾分神似，到處都能見到海，海灘美麗、乾淨，珊瑚礁生態豐富。但澎湖依然是澎湖，和印尼熱帶島嶼，或臺灣本島仍有差異，無論氣候、環境、生活型態都有所不同。

剛搬來澎湖不到半年，就遇到澎湖六十六年來最冷的一月，又遇到盛情到難以招架的東北季風，難免感到難以適應。冬天有時看著大海，心中總覺得，這裡畢竟不是南洋熱帶島嶼。

但面對生活，我向來「既來之，則安之」，多欣賞澎湖特色，看看這裡友善的人民，生活單純，治安良好，澎湖仍是美麗、可愛的家園！

回想自己從出生到現在，一直在不同的島生活，從印尼蘇門答臘島、爪哇島、臺灣，再輾轉到澎湖群島，認識許多朋友，一切都是緣分。

位於北辰市場附近的印尼商店，已經營二十年，老闆是嫁來澎湖的印尼加里曼丹客家人。店內販售各樣印尼生活用品、小吃等，方便外籍漁工、看護工選購。

澎湖有不少越南商店，供應遠嫁澎湖的越南新住民生活用品、常用食材。

1-3／簡單的幸福生活

二〇二〇年突如其來的新冠疫情（COVID-19），使全球旅行活動停止，人們僅能選擇國內旅遊。臺灣在各方努力下，加上民眾非常自律，相對安全，澎湖成為二〇二〇年臺灣少數「零確診」病例的縣市，光是二〇二〇年下半年疫情解封後，短短六個月，澎湖就吸引了近一百萬名觀光客。

然而進入秋冬後，澎湖遊客減少，市區街道變得安靜，宛如時間突然停止，一切恢復原本的樣貌。

對許多臺灣人而言，澎湖遙遠又陌生。直到現在，我仍有許多朋友不曾來過澎湖。我搬到澎湖後，不少臺北友人詢問：澎湖有電影院嗎？有美語補習班嗎？有安親班嗎？有外國英

澎湖休憩園區，總面積達一百四十公頃，是澎湖馬公市居民主要休閒場所，園區內種植許多樹木，還有共融式遊戲場，方便父母帶家中幼兒遊玩。

文老師嗎？有百貨公司嗎？物價貴嗎⋯⋯

對我來說，澎湖好比陶淵明描述的「桃花源」。澎湖人熱愛、關心家鄉勝過關心島外的事情，澎湖人很享受自己居住的環境，安居樂業。根據《天下雜誌》二〇二〇年幸福指數調查，超過九成以上的澎湖居民感到幸福，幸福感全國最高。

至於我這個搬來澎湖的外地人，澎湖帶給我的幸福感在於，治安良好、搭公車免錢、看診免費、急診僅收八十元掛號費、國中小學免學雜費，以及營養午餐不僅免費，全縣小學生每週三還有牛奶喝，還有在澎湖欣賞文藝活動，有不少免錢，如有售票，售價也比臺北優惠。在澎湖生活，有更多時間與家人相處，享受天倫之樂，上下班時間壓力小，無須為了上班，趕著出門。中午不少澎湖人還能回家睡午覺，與家人用餐。傍晚五、六點，不少人已下班到家，準備休息享用晚餐。

在有些澎湖人眼中，臺灣實在太亂了，社會新聞常有槍殺案、命案等。在澎湖，發生偷竊、不當體罰已是天大新聞。

來澎湖後，我發現臺北人似乎很緊繃，雖然熱愛學習，充滿好奇心，但經常擔心自己遭取代，或被社會淘汰。澎湖人則顯得老神在在，享受與親友相聚的自在生活。澎湖人熱情、親切，喜歡分享，經常和親友分享釣來的魚、自己種的蔬果。澎湖人似乎無太多要求，人生哲學是「簡單即幸福」。

麻雀雖小、五臟俱全的澎湖生活圈

澎湖也有電影院。根據一九六八年在義大利出版，羅德信神父撰寫的《澎湖：風和沙之島》，內容即有記載電影院的引進。早期澎湖駐軍多，全盛時期有龍宮、建國、真善美、中興戲院、中正堂等五家戲院，目前僅剩一家

「昇恆昌in89豪華影城」，老字號的中興戲院現正都更重建，預計二〇二三年重新與澎湖人見面。

昇恆昌經營的「澎湖三號港」免稅百貨商場，可說是澎湖的百貨公司，總樓層四層樓，地下有寬敞停車場，除了in89豪華影城之外，還有美食街，其中有知名美食店：度小月、頂呱呱、爭鮮等，尚有精品、美妝、手錶、美食餐廳等，規模雖無法和臺北市等大都市相比，但麻雀雖小，五臟俱全。

因為家中有小孩，所以我特別關心澎湖的教育資源。澎湖有美語補習班、家庭式的文理補習班，以及加盟的吉的堡美語等，也有外國老師教授英文。澎湖的安親班規模較雙北小，但對小朋友的學習不會構成障礙，只是大多無法提供才藝課，家長需自行接送小孩，從安親班到另一才藝班學習，有點不方便。但這也顯示，澎湖的許多家長比都會區的父母更有時間載送小孩。

離澎湖本島較遠的望安、七美鄉等地，有些家長固定於每週六帶小朋友到馬公市參加才藝課程，或課業輔導學習，週日再搭船回家。雖較不方便，但偏鄉地區小朋友仍有機會同步學習才藝課，或加強學業輔導。

至於美體SPA按摩、美容美髮，澎湖照樣也有。不少髮型設計師自行創立個人工作室，有些則是加盟臺灣美髮店，如日式威廉髮藝等。

澎湖因為貨物大多從臺灣引進，多了運費，所以澎湖的平均物價跟臺北市差不多，比新北市或臺灣中南部高。例如，我常去南洋商店買辛香料、印尼、越南食品等，售價就比雙北貴了約百分之二十，小吃店價格也比中南部略高。

幸好澎湖有全聯也有農會超市，物價大致與臺灣相同，便利商店則以7-11、全家市佔率最高，售價和臺灣一樣，但七美、望安因為是「離島的離島」，運輸成本更高，有些商品會比本島貴。

想從澎湖寄信到臺灣，郵局人員習慣問「是否要限掛？」起初，我不太明白為何老要問限掛？在臺灣，郵局人員鮮少這樣問。後來，我才明白一般掛號信是以「船運」寄出，遇到天候不佳，甚至可能一星期都「斷航」，限時掛號則是「搭飛機」，快又準時。

除購買南洋食品，我也常買有機食品，但澎湖有機商店只有「里仁」，全聯僅有部分有機食材。不過現在要跨境購物並不難，澎湖買不到的產品，透過網路就能完成購物，通常一周內即可收到。

從澎湖搭飛機到臺北松山機場，只要四十五分鐘，比從臺灣中南部來回臺北快。澎湖居民搭機，十二歲以下、六十五歲以上享三・五折優惠價，其他民眾享七折優惠。搭機要帶身分證，無身分證的小朋友，家長或監護人需攜帶戶籍謄本，證明設籍澎湖，才能享優惠票。

有次，我忘記帶身分證，無法證明自己是澎湖人，經詢問機場服務櫃台，可連線馬公市戶政事務所，只要提供身分證號碼，白天上班期間隨時都可收取從馬公傳真的戶籍證明，再憑證明辦理登機手續，仍可享優惠。

雖然從澎湖搭機往返臺北快又方便，但是澎湖與臺灣隔著海峽，多少會增加心理的距離感。回想準備移居澎湖時，親友開玩笑說，「妳要搬到『國外』，以後要見面就難了」，紛紛相約吃飯。女兒起初亦詢問，我們是不是要搬到「澎湖國」？澎湖當然不是國外，它比較像海上桃花源。

1-4／澎湖的風與沙

澎湖位於臺灣海峽上，與雲林、嘉義相望，總計由九十一座大小島嶼組成，多屬玄武岩地質，其中有人居住的島嶼為十八個，分別為澎湖本島（大山嶼）、白沙、西嶼、望安、七美、吉貝、鳥嶼、中屯、大倉、員貝、小門、花嶼、虎井、桶盤、將軍澳、東吉、東嶼坪、西嶼坪等島嶼，其他島嶼面積小，不適人居。

根據澎湖縣政府資料顯示，澎湖海岸線全長四四八・九七四公里，是全國最長。澎湖群島地勢平坦，無高山、大河、湖泊、天然森林等，群島中最高點為大貓嶼，海拔七十九公尺，澎湖本島最高峰則是拱北山，海拔五十公尺。澎湖本島共設兩個行政區，包括馬公市及

市區公園的榕樹長年被東北季風吹襲，樹形隨風向傾斜生長。

湖西鄉，其他尚有白沙鄉、西嶼鄉、望安鄉和七美鄉。

因無高山，使澎湖降雨量低，平均年雨量只有一千毫米，卻因風速、氣候因子影響，年蒸發量達一千六百毫米。每年四~九月春夏期間，是澎湖的雨季，這段期間澎湖容易下梅雨、颱風雨，冬季則是乾旱少雨，吹起東北季風時，風速可達八至十二級，接近輕度颱風。

澎湖土壤貧瘠，雨水少，樹木難以生長。元代航海家汪大淵著作《島夷誌略》有段描述澎湖地理環境：「有草無木，土瘠不宜禾稻。」今日澎湖，馬路兩旁有不少南洋杉及花卉，全是近三十年來，後人綠美化的成果。

移居澎湖後，我親眼見證在澎湖種樹有多不易，冬天遇到強烈的東北季風，我家裡的芭蕉葉全被吹裂，路樹的葉子一夜就被風吹光，甚至將樹吹倒，有些樹木勉強還保留些葉子，但經風的摧殘，葉子都變得乾黃。市區公園的榕樹不像臺灣挺拔，經東北季風長年吹襲，樹形隨風向傾斜生長，將其稱為風所雕塑的大型盆栽也不為過。

環境造就澎湖人的毅力

澎湖海洋資源豐富，漁獲量高，陸地卻缺乏天然資源，導致生活備受挑戰。一九五二年，羅德信神父從大陸雲南輾轉來到澎湖傳教，其撰寫的《澎湖：風和沙之島》深刻記錄澎湖人早年生活的艱苦。

根據羅德信神父描述，澎湖人早年除從海裡獵捕一些魚、海鮮外，主要以地瓜、花生果腹，過去捕魚技術和器具有限，冬天時遇天候不佳，無法出海，甚至無新鮮魚肉可食，缺乏食物。羅德信神父不免感嘆道：「其實我還是無法理解，人們怎麼有辦法在那種地方生存，而且長久的生活下去。」

即使今日，澎湖依然要面對乾旱缺水、夏季炎熱、冬季強烈的東北季風。

澎湖因為種樹不易，炎熱的夏天少有樹蔭遮陽，幸好澎湖常有海風，若在陰影處，便不感酷熱。夏天的澎湖陽光充足，即使晚上九點沐浴，也不需要開熱水，水都還是溫溫熱熱的。

秋天的澎湖最為舒適，微風徐徐，從繁忙熱鬧的夏天，緩緩進入休息狀態，市區比夏季時冷清，但周圍仍能看見綠樹，依然帶給人生氣蓬勃。春天的澎湖，宛如剛甦醒的睡美人，準備讓世人看見她的活力和魅力，樹木開始長出嫩芽，花兒盛開，爭奇鬥艷，天氣晴朗溫暖又舒適，適合踏青，在海邊散步。

春天，約四月時，還適合舉辦戶外婚禮，碧海藍天，陽光充足，新人拍照，浪漫絕美，而且澎湖很少下雨，即便下著雨，時間短暫，無須擔心賓客們成落湯雞。

冬天的澎湖，最讓我難以適應。東北季風來臨時，風聲淒厲宛如哭嚎，好像有傾訴不完的委屈，有時半夜強風不斷拍打窗戶及房門，即使門窗也緊閉，並安裝隔音玻璃窗，仍能清晰聽到風在怒吼，感受到刺骨的寒風從門窗縫隙吹進室內。有幾次，我甚至感覺房子快被吹走，因而驚醒。

許多從外地移居澎湖的人都跟我一樣，不太能適應澎湖的東北季風。每次東北季風來時，我就不想外出，但必須接女兒放學，只好勉強出門，有次還差點被風吹倒。

因為風大，澎湖的房子容易髒，門窗邊緣一下就堆積灰塵，需要清理的頻率遠比住在臺北、新北高。澎湖還有特有的「鹹水煙」，帶有鹽分的水氣隨強風佈滿房屋外圍，黏黏膩膩的，必須用水柱沖洗才能除去，如果不清，日子久了就會結一層鹽巴。

老一輩的澎湖人說，現在的風已經比以前小。昔日因為建築物少，且綠地不多，東北季風一來，出門還得配戴防風眼鏡，否則沙粒隨風狂飛，不僅看不清馬路，眼睛也會受傷。羅德信神父也在其著作記載，東北季風一來，他會不由自主摸摸臉龐，確認沒有流血才放心。

面對東北季風，澎湖本地人似乎習以為常，小朋友往往無懼風吹，照常在操場跑步、打球，也常可見到老人家牽著老伴在風中散步。不少澎湖人在冬天時，還愛在室內吹電風扇，讓我傻眼！

幸好，東北季風不是天天來，澎湖冬季經常可見藍天白雲。遇到好天氣，我會外出走走，曬曬太陽。現在澎湖種植許多一年四季都翠綠的南洋杉，不僅美觀，且能有效阻擋風沙，因此即使東北季風報到，也無須再像老一輩那樣戴上防風眼鏡。沒有東北季風的澎湖，甜美溫馴、柔和親切。

南洋杉常年翠綠又美觀，冬季時可擋風，帶來朝氣和活力。

我觀察幾次氣象預報，通常冬季臺北天氣不好或下大雨時，澎湖就容易有東北季風。怕大風的遊客，如果冬天想來澎湖遊玩，可留意天氣預報。

堅韌的澎湖女人

澎湖女人和東北季風一樣值得介紹。澎湖女人吃苦耐勞，素有「澎湖查某、臺灣牛」之稱，早年許多澎湖女人不僅要忙家事，還要耕田、下海，經常在潮間帶撿拾貝螺、海菜、紫菜等，甚至不少粗活，都由女人負責，例如搬運硓𥑮石蓋房子、菜宅。

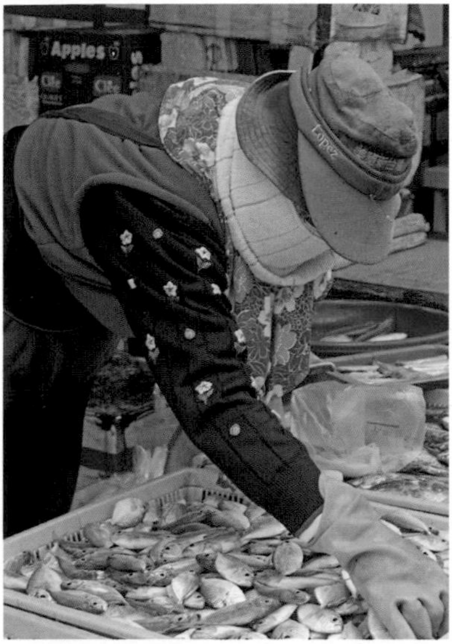

澎湖女人吃苦耐勞，早年經常要耕田又要下海，在潮間帶撿拾貝螺、海菜、紫菜等。

羅德信神父寫道：「在西嶼我目睹不可思議的一幕，四位婦女搬運一塊五百公斤重的大石頭」。羅神父在其著作中，有段和西嶼村長的對話，村長自豪的說：「西嶼……有一個獨特之處：就是女人，只要你看到她們工作的模樣，就會發現沒有男人比得上她們」。

移居澎湖後，在菜市場，我深刻體會澎湖老一輩女人的重要性。許多阿婆在市場賣魚賣菜，行動非常俐落，有一攤魚販，每回客人問起魚價，那位三十、四十歲幫忙賣魚的男人，總是轉頭問一位阿婆：「阿母，一斤多少？」然後，母親說多少就是多少，沒得商量。

老一輩澎湖女人的臉龐和眼神顯示出強悍、堅忍性格，說話直來直往。有次我要買蝦子，考慮若一次買太多，家中冰箱小，實在裝不下，於是說我要買五十元蝦子，魚販阿婆一聽到五十元，立刻說：「我不賣，最少要買一百元。」阿婆聲音宏亮又堅定，這下我變得很不好意思，趕緊說：「好，買一百元。」還因嚇傻，多買兩條魚。

離開市場後，我想起在臺北、新北的傳統市場，要買多少蝦，魚販通常都會賣。若希望我多買些，多半會婉轉說：「五十元沒幾隻，多買一些吧？」但如果我堅持只買五十元，魚販會微笑說：「可以，妳方便就行，有需要再來買。」相較之下，澎湖魚販阿婆年紀雖大，但氣勢懾人。

還有，澎湖女人和臺灣本島最大差異是，這裡的女人喜歡「蒙面」，猶如戴上「臉基尼（Facekini）」。查閱過去的資料、照片，早期澎湖女人就愛將臉包得緊緊，只露出雙眼，現在仍有不少澎湖女人，尤其年長者，常如此包臉。

剛搬來時，我不太在意陽光，澎湖友人笑說，等一陣子我也會跟她們一樣，夏天時要穿有帽子的薄外套，再戴口罩外出，擋住強光和紫外線，既防曬又能避免雀斑。沒多久，我就被朋友說中了，沒有如此裝扮，不敢在夏天出門。

澎湖蒙面女郎利用布條包住頭部，再以毛巾包口鼻，防曬又防風砂。夏天耕田時，毛巾可吸汗，微風一吹，還能減少酷熱感，使臉部肌膚補充水分，是先人充滿智慧的發明。

到了冬天，澎湖女人還是包得緊緊，即使是穆斯林女子，也無須包到如此地步。原來冬天蒙面是為了防風，我曾在路上看過，有人用包巾套住整張臉，包住後連帽子都可以不用戴。歷經東北季風殘害的我，有天問起澎湖友人阿娟，哪裡有賣蒙面包巾？朋友阿娟說，其實用一般圍巾包住頭臉也有同樣效果。

澎湖人先天的居住環境較臺灣艱辛，即使辛苦，卻未磨滅島人對生活的熱情。澎湖人個性普遍樂觀開朗、好客大方，愛分享、喜歡熱鬧。

澎湖人喜歡和朋友聚會，一星期至少見面吃飯一、兩次，人與人關係親密，富有人情味。多數澎湖人住在馬公市，主要區域十分鐘以內即可到達，生活便利、快速，如果車程超過十分鐘以上，澎湖人就會覺得遠。

澎湖的離島居住人口不多，僅幾百人到數千人，多為年長者，年輕人大多移居馬公或臺灣。不少澎湖人在高雄、臺南有房子，冬天會到臺灣居住，夏天再回澎湖，過著宛如候鳥的生活。在物質上，澎湖人仰賴高雄，許多民生用品、糕餅禮盒多為高雄在地品牌，其次是臺中，相較之下，少有臺北的品牌。

1-5／翻開一頁澎湖史

根據考古學家研究，約五千年前的新石器時代，澎湖已有人類活動遺跡，主要分布在澎湖本島及白沙東岸。從出土文物發現陶器及石器，陶器多以粗繩紋裝飾，造型簡單。推測當時人類可能來自臺灣西南海岸，到澎湖短期或季節性居住，以採集貝類、魚類及發展簡單農業為生。

根據《澎湖縣志》，南宋時期已有著作提到澎湖，例如宋寶慶時，趙汝适著《諸蕃志》毗舍耶國條云：「泉有海島曰澎湖，隸晉江縣。」宋史《流求國傳》亦云：「有海島曰澎湖。」足以說明當時澎湖已有相當規模的漢人居住，且行政區明確。

史料記載，澎湖的開發比臺灣早約三百多年。澎湖古名稱包括：島夷、西瀛、方壺、平湖、彭湖。澎湖取自「平湖」或「彭湖」，古代「平」與「彭」發音相近。據說，取「平湖」係因古人發現，澎湖本島及附近島嶼地勢平坦，外海屬於危險海域，海浪波濤洶湧，內海卻平靜如湖。明朝以後多用「澎湖」。

西方人稱澎湖群島為「漁翁之島」，源自葡萄牙文Pescadores。大航海時代，葡萄牙航海家經過澎湖，發現島上有不少漁夫，漁獲量豐盛因而得名，並將澎湖記錄在世界地圖。長期研究澎湖歷史與文化的許玉河指出，依據羅德信神父著作《澎湖：風和沙之島》校注，推論當時葡萄牙人可能僅經過「西嶼」，「漁翁之島」原指「西嶼」，之後才指澎湖群島。

澎湖另有「菊島」一稱，其名稱的由來，許玉河在其著作《澎湖筆記—歷史、風俗與傳記》指出，一九九一年六月《聯合晚報》以風鄉菊島稱呼澎湖，菊島漸漸成為澎湖的代名詞。

天人菊原產於中南美洲，一九一一年引進臺灣，起初用於庭園觀賞。由於耐旱、對土壤條件要求不多、能在濱海一帶生長良好，因此在澎湖繁衍興盛。天人菊花朵有黃、紅色，能在劣質環境中生生不息，象徵澎湖人即便居住環境惡劣，卻能世代生存的不屈精神，因而於一九八五年被選定為澎湖縣花。

澎湖處處可見紅、黃色的天人菊。天人菊是澎湖的縣花，象徵澎湖人即便居住環境惡劣，卻能世代生存的不屈精神。

雖然澎湖很早有就有漢人居住，但直至元代起才設有巡檢司，其功能如當今的海巡隊，以利治理、保護居民。明朝洪武二十一年，中國東南沿海長年受倭寇、海盜侵擾，朝廷強制將澎湖居民移居漳州、泉州等地，並廢除巡檢司，澎湖群島頓時成為無人島。直至明末清初，閩南沿海居民為躲避飢荒、戰亂，一批漢人到澎湖落地生根，成為今日澎湖人的祖先。

翻閱澎湖近代史，澎湖有四大戰役：明荷戰爭、明鄭和清朝戰爭、中法戰爭、中日戰爭。澎湖缺乏天然屏障，沙灘多，地形平坦，在帆船時期，或大航海時代是西方人進入中國，或漢人移民臺灣的中繼站。明朝時期，荷蘭人想和中國貿易，但因明朝鎖國政策而吃閉門羹，轉而佔據澎湖，尋找與中國通商的機會。

中日甲午戰爭戰敗後，清朝和日本簽訂《馬關條約》，割讓臺灣、澎湖，臺澎成為日本殖民地。光復後，國民政府積極建設澎湖，不斷改善澎湖居住環境，提升島上生活水平，充實離島民生物資。另外，一九九〇年代末期，澎湖縣政府與農委會林務局合作擴大綠化造林，澎湖擺脫過去「有草無木」的地理樣貌，變得更舒適和宜居。

不變的是，即使到了近代，澎湖軍事戰略位置依然重要，成為臺灣海峽上最重要的屏障。近二十年來，我國相繼在金門、連江減少兵力，但澎湖仍然維持一定兵力，為陸海空三軍一致重視的軍事要塞。

1-6／澎湖是神仙之島、萬廟之地

澎湖群島總面積約一百二十七平方公里，約臺北市的一半。二〇二〇年底，澎湖設籍人口數為十萬五千九百五十二人，常住人口約八萬人。無論從土地面積或人口數來衡量，澎湖都不算大縣，但有登記的廟宇總計一八八座，這些尚不包括分布於各村莊未登記的小廟，澎湖廟宇密度可謂全國之冠。

依據《澎湖縣志》，多數澎湖人祖先來自大陸閩南沿海一代，其中以泉州府同安縣金門人最早遷至澎湖，主要居住在湖西鄉，其次是漳州府的移民，多定居白沙鄉、西嶼鄉，少數分布在馬公市。

古籍記錄閩南人崇拜鬼神，相信巫術。《廈門志》記載：「邪怪交作，石獅無言而稱爺，大樹無故而立祀，木偶漂拾，古柩嘶風，猜神疑仙，一唱百和，酒肉香紙，男婦狂趨……疾病、富貴家庭延醫診視、餘皆不重醫而重神。」說明閩南人深信鬼神，因此喜歡興建廟宇，藉此作為心靈寄託，祈求平安。

從閩南沿海渡海來澎的先人，將原本的信仰、風俗帶到澎湖，加上澎湖生存環境艱苦，討海生活風險高，務農者則要面對土壤貧瘠，農作欠收的困境。島上人們必須靠宗教信仰，堅定生存意志，或尋求安慰，因而在澎湖處處大興廟宇，特別是漁村內廟宇數最多，沒走幾步路就可見大小寺廟。

澎湖人對神明的虔敬，表現在生活作息、大小慶典。每逢拜拜，澎湖人費盡心思準備各種佳餚，為的是討神明歡喜，以示恭敬。早年文獻紀錄，澎湖人祭拜時鋪張浪費，平日卻省吃儉用，形成強烈對比。

居住在鄉村的澎湖人，以寺廟為生活中心。午後時段，村人總是坐在廟埕樹下聊天，有時討論國家大事、縣政發展，不免也會竊竊私語村人的八卦。在澎湖的鄉村過日子，難有秘密，誰家娶媳婦、誰家離婚、誰有小三與小四，全攤在陽光下。

紅塵是非多，澎湖的神明像希臘神話一樣，眾神也不時會干預凡人生活。澎湖各村莊有各自的守護神，有時不同村莊的神明會「吵架」，曾流傳某兩村的守護神起爭執，甲村神明威脅要在乙村井水下毒，乙村人們依神明指示三天不得取水，並將井口蓋住。但三天不得取水，實在太難為乙村人了，第二天就有人偷偷取水，證明子虛烏有。

澎湖各村落寺廟，還具有鎮煞作用，保護當地居民。在海島生活難免會有孤魂野鬼傳說，有些沙灘傳說早年常有屍體被沖上岸，當地人說，非本地村民，廟宇可將孤魂野鬼擋在村莊外，不讓其進來搗亂村民日常，讓村民安心生活。

澎湖各村廟宇都非常豪華氣派，有些村莊戶數不多，但廟宇甚大，許多寺廟擴大重建時，集結村民財力、物力，還會到臺灣向鄉親募款。寺廟愈大，代表居民財力愈雄厚，後代子弟有成就，也證明村裡神明有在保佑。早年建廟時，澎湖習慣將捐款人姓名刻在廟宇牆面，可小額捐款，但現在多採用認領廟柱、壁畫等，金額約十餘萬元。待廟宇建好後，柱子、壁畫下方會刻上捐獻者姓名，以示感謝，捐獻者則有千古留名的光榮感。

在澎湖還有許多傳說跟神明有關，例如施琅進攻澎湖時，因缺水飲用，士兵們苦不堪言。為此，施琅祈求媽祖保佑，指引水源地，拜拜後施琅取劍插地，噴出地下泉水。施琅收復臺灣後，奏請康熙皇帝加封媽祖為「天后」，自此澎湖「天妃宮」改為「天后宮」。「天后宮」現位於馬公市中央里，是全國歷史最悠久的媽祖廟，明朝萬曆三十二年創建，有四百多年的歷史。

媽祖之外，澎湖人還敬拜玄天上帝。玄天上帝是水神、航海之神，是北斗七星的化身。明朝時期大陸沿海地區居民遠渡臺灣海峽到澎湖，茫茫大海，波濤洶湧，加上當時航海多使用小船，配備不如當今進步，航行大海僅靠北斗七星指引方向。因此，玄天上帝成了航海者重要的心靈支柱，祈求航行平安順利。先民抵達澎湖後，待生活安頓，便開始興建玄天上帝廟，進而成為澎湖主要信仰之一。

澎湖尚有不少王爺廟，王爺代表玉皇大帝

位於馬公市中央里的「天后宮」，是全國歷史最悠久的媽祖廟，明朝萬曆三十二年創建，經歷四百多年的歷史。

視察人間，是善惡之神，能驅除瘟疫。早年醫療不發達，一旦有瘟疫經常奪走不少人性命，人們期盼神明為人間消災解厄，避免瘟疫、疾病盛行。

移居南洋的華人同樣祭拜媽祖，媽祖可說是華人界的「超級女神」。以印尼為例，移居到印尼的華僑多來自福建、廣東、海南等沿海地區，和多數澎湖先民一樣，部份人為躲避飢荒、戰亂，冒著生命危險到印尼各群島生活。

根據史料，中國人在南洋的活動，從漢朝開始，唐宋時期更加興盛，到了明朝時，海上貿易促使更多華人移居南洋，並落地生根。最近一次的大量遷移約在清朝末年，當時中國大亂，民不聊生，許多華人至南洋謀生。

與澎湖人不同的是，多數南洋華人皆以經商為生，從事漁業、務農者甚少，不過即便做生意，仍有不少華人敬拜媽祖、玄天上帝、王爺等。

尤其隨福建來的華人，媽祖信仰在印尼各島嶼開散枝葉，例如：爪哇島，包括雅加達（Jakarta，荷蘭時期為巴達維亞Batavia）、西爪哇萬隆（Bandung）、中爪哇三寶瓏（Semarang）、東爪哇泗水（Surabaya）、南蘇門答臘省會巨港（Palembang）、北蘇門答臘棉蘭（Medan）、西加里曼丹坤甸（Pontianak）、山口洋（Singkawang）等地，從清朝乾隆時期即陸續興建媽祖廟。

印尼華人同樣有祭拜玄天上帝、王爺等神祇，雖然在近代，不少印尼華人已改變信仰，逐漸皈依基督教、天主教，但仍有一群人維持傳統信仰與文化，每當遇到拜拜的節日，熱鬧程度和澎湖、臺灣不相上下。

大陸、澎湖、臺灣、南洋雖然隔著茫茫的大海，但在信仰上，彼此找到生命交集。

1-7／澎湖慶典食物——婚喪喜慶美食

說到節慶，任何國家或民族必定有慶典食物。尤其早年物質缺乏，能吃到美食的機會不多，唯有過節才能嚐到各樣食物，吃得比平日好、更講究。透過節慶，人們慰勞自己和親人，有理由大肆吃喝，放鬆心情。

澎湖人和臺灣本島、海外華人過的節慶相同，但是節慶的風俗、表現方式、食物等，仍有些差異，但都重視祭祖，強調「慎終追遠、飲水思源」。

即使有些南洋華人已改信其他宗教，但到了農曆新年、清明節、端午節、中秋節、元宵節、冬至等節日，華人追念祖先的心情從未

「雞母狗仔」猶如米食公仔，富有童趣，非常討喜。

改變。以天主教為例，在主要節日會配合華人習俗，聖堂特別擺放列祖列宗牌位，左右兩邊點燃蠟燭，中間擺香爐，行獻花、獻酒、獻果禮，儀式隆重溫馨。

相較於天主教的簡單，其他民間信仰的華人過節則顯得豪華熱鬧。小時候，在印尼常聽到非基督徒的華人說拜拜要準備三牲、四果、糕餅等，為了準備拜拜，經常一連忙好幾天。印尼華人的祭品和臺灣無太大差異，但我到澎湖後發現，澎湖人在冬至時會準備「雞母狗仔」，元宵節則會「乞龜」，讓我大開眼界。

澎湖有句俗話：「冬至不返無祖，除夕不回無某」。作家許玉河在《澎湖筆記－歷史、風俗與傳奇》寫道，澎湖冬至祭祖，禮儀更甚於清明與中元，足見冬至對澎湖人的重要性。

由於澎湖人早年生活較困苦，島上資源缺乏，豬肉、雞肉比海鮮珍貴，多數家庭只在逢年過節才會備肉，而冬至離過年不到一個月，此時若宰殺家畜，過年時恐怕無肉可祭祖拜神，因此澎湖先民想到以米製作「雞母狗仔」，取代肉類作為供品。

「雞母狗仔」猶如米食公仔，作法是將在來米加水，塑成豬、牛、雞、羊、鴨等動物造型，再塗上紅色、綠色點點，畫上眼睛、翅膀等，最後蒸熟，小巧可愛，富有童趣。

冬至時，澎湖人還會包「菜繭」。作法以糯米粉、在來米粉加水做粿皮，有分鹹、甜口味。鹹味將高麗菜、香菇、紅蘿蔔、豆薯、芹菜切細末，加上蝦米、絞肉炒熟後做為餡料。甜味則是包花生粉加砂糖，從外觀看猶如臺灣中南部的「鼠麴粿（草仔粿）」，或臺灣客家人所說的「菜包」或「菜包粿」。澎湖「菜繭」和臺灣「菜包粿」皆是白色粿皮，乍看之下如同印尼華人美食「菜粿、菜粄（Chaikue

又稱Choi pan)」，以及星馬人稱的蘿蔔粄(Chai Tow Kueh)。

「菜粿」是印尼西加里曼丹華人美食。當地華人利用太白粉、在來米粉作白色粿皮，與澎湖的菜繭一樣使用豆薯、蝦皮或蝦米、蒜頭等食材拌炒後，做為餡料再蒸熟。

印尼「菜粿」與澎湖「菜繭」、臺灣「菜包粿」的差別在於，「菜繭」、「菜包粿」較大顆，粿皮較厚實，而菜粿較小顆、皮薄，餡料多。印尼「菜粿」蒸好後，上頭還會撒蒜頭酥增香，吃的時候要蘸酸辣醬。「菜粿」是我小時候最愛吃的印尼小吃之一，所以來澎湖後，第一次看到「菜繭」倍感親切。

查閱相關資料，菜繭、菜包粿、菜粿、蘿蔔粄應源自中國大陸福建、廣東一帶，而印尼西加里曼丹華人祖籍以客家、潮州為主。隨著西加里曼丹華人移居印尼其他城市、島嶼，使

澎湖冬至時會準備「菜繭」，以糯米粉、在來米粉加水做粿皮，有鹹、甜兩種口味。

印尼西加里曼丹華人美食「菜粿」，印尼文是Choi pan又稱Chaikue。

菜粿遍布印尼各大城，多作為點心或早餐。

菜粿從早年華人為拜拜、祭祖而備的美食，以及習慣加上豬絞肉拌炒，演變到現代僅以豆薯，或韭菜、筍子、青木瓜、蒜頭、蝦米拌炒，餡料顯得更簡略。不少西加里曼丹華人以販售這道小吃維生，或許為符合大部分印尼本地人忌食豬肉緣故，特別去除豬肉，以融入當地的日常飲食。

有趣的是，星馬地區的蘿蔔粄餡料，巧妙結合豆薯和白蘿蔔，加上蝦米、蒜頭等拌炒，並以五香粉、麻油調味，集澎湖「菜繭」、臺灣「菜包粿」以及印尼「菜粿」食材於一身，蒸煮時習慣在蒸籠內鋪上芭蕉葉增香，別具特色。

元宵節乞龜求吉

過完冬至，就要迎接農曆新年，再來就是「元宵節」。在澎湖「過元宵」比「過年」還熱鬧，澎湖俗諺「上元玩三暝」，意思是澎湖元宵節往往一連慶祝三天。以往是從正月十三日晚上開始慶祝三天，直到正月十五日結束。不過近幾年，澎湖改到正月十五日才開始慶祝，全澎湖總動員，直到正月十七日結束。

現在臺灣多數縣市元宵節氣氛趨淡，然而澎湖和印尼巨港（Palembang）一樣都維持熱鬧過元宵節的傳統。與澎湖不同的是，印尼仍習慣在正月十三日起慶祝元宵節，正月十五日閉幕。在印尼，元宵節稱之為「Cap Go Meh」，源自福建話的「十五暝」。

相傳元宵節期間，眾神明會下凡人間，容易有求必應。無論在澎湖、臺灣、印尼，許多善男信女會把握機會向神明求財、求姻緣等。

澎湖元宵節獨特之處為「乞龜」。一般來說，澎湖信徒向神明許願後，可取得小型的肪片龜，以示獲得祝福。許願者明年需加倍奉還，以謝神明。若想取得大型肪片龜，需向神明祈求，得到允許，即可獲得。求得大型肪片龜者，通常會捐贈給鄉親，或窮苦人家食用，明年加量還願。雖然，多數人還願時，會增加肪片龜的重量，然而有些信徒受限經濟能力無法增加重量，向神明祈願後，據說神明頗能諒解，往往會予同意。

肪片龜是用糯米加糖、香蕉精等，並加以彩繪製作的烏龜造形甜粿。早期元宵節，肪片龜是澎湖各地寺廟必備祭品，不過近幾年來漸漸以「米龜」、「高麗菜龜」、「水晶龜」、「金龜」取代。為響應環保，有些廟宇還利用酒瓶設計「環保龜」。

澎湖「乞龜求吉」風俗約有一百多年歷史，在中華文化裡，烏龜象徵長壽、吉祥。早年澎湖濱海一帶經常可見海龜，亦流傳海龜救

迷你版肪片龜

大型米龜由白米袋堆疊而成。

和尚的故事，因此人們視海龜為聖獸，經常放生。

此外「龜」和「歸」同音，澎湖多數人從事漁業，早期漁船不如現代進步，出海捕魚能平安歸來是大家共同的目標。此外，也有人認為烏龜能帶財，有「龜財」之意。總之，「龜」凝聚眾人期待，因而澎湖的廟寺出現肪片龜、米龜等，產生特有的「乞龜」習俗。

即使在物質條件不佳的年代，澎湖各地寺廟為慶祝元宵節，無不盡心盡力，多少帶有較勁的意味。近年來經濟改善後，各地寺廟為了引人注意，或信徒為回饋還願、爭面子等因素，肪片龜越做越大。民國四十年出現一百斤肪片龜，到民國七十七年增至一萬二千六百斤。要分食大型肪片龜時，須動用大鋸子，也曾發生過將大型肪片龜直接丟入大海「放生」，形成食物浪費。

「金龜」可保值，具有工藝品的鑑賞價值。

後來經政府、有識之士倡議，大型肪片龜逐漸改成「米龜」、「金龜」。澎湖天后宮率先發起利用白米疊米龜，相較於肪片龜，米龜較方便分配，也更好保存。「金龜」則可保值，且具有工藝品的鑑賞價值。

「軟糕」的印尼文是Cu Chong Kau，外觀呈長條型，但口感、原料與肪片龜相同，印尼巨港華人習慣切成小塊吃。

澎湖肪片龜和印尼軟糕

澎湖的肪片龜味道甜，吃起來QQ的，有香蕉味，通常不需要冷藏，越放越Q彈。當我第一次吃到肪片龜，驚喜地發現，口感、味道和我兒時在印尼常吃的軟糕（又稱糯米糕）相同，沒想到在澎湖竟找回我兒時愛吃的食物。

軟糕的印尼文是Cu Chong Kau，外型和肪片龜不同，通常做成長條形，華人習慣切塊分食，雖外觀有異，但口感一模一樣。軟糕是印尼華人的古早味糕點，通常在「中國城」才販售。我特地詢問住在印尼巨港的表姊秀玲，她說：「巨港中國城菜市場每天都有賣軟糕，只是現在年輕一代的華人不太愛吃，可能味道太甜，不過老一輩卻非常鍾愛」。想不到澎湖、印尼相距近三千公里，卻隱藏共同的飲食DNA，可見華人即使遷徙到天涯海角仍保留傳統飲食文化。

未移居澎湖前，我不曾吃過肪片龜，我先生說小時候吃過類似肪片龜的糕點，卻不知名稱。查閱資料，發現臺灣人將肪片龜稱為「鳳片糕」或「鳳片軟糕」。網路上有人分享，小時候的「鳳片糕」會做成動物造型。

根據《鹿港尋味》作者心岱所寫：「王爺生日特備『鳳片糕』，不但滋味特殊，更富傳奇性。」書裡還描述，廟裡不斷有人獻來鳳片糕，善男信女可在神誕這天來到廟裡，以筊杯向神明祈求，如獲聖筊，表示神明恩准，才可取回「龜」，俗稱「博龜」、「祈龜」或「乞龜」。看到圖片，鳳片糕造型同樣做成「龜狀」，同樣在龜背寫祝福語，足見臺灣鹿港人也有乞龜風俗。

現在臺灣市面較常見的鳳片糕，以長條型為主，外型如「印尼軟糕」，同樣切小塊吃，有些「鳳片糕」外皮為桃紅色，內白，並且已包裝成小塊狀，可直接吃，非常便利。

過去能吃的食物不如現代多元、豐盛，人們較期待肪片龜，有財力者，希望做愛心，藉由捐出肪片龜，分享給窮苦人家。現代人物質豐富，不缺食物，間接導致巨大肪片龜不如以往受歡迎。

現在澎湖各地寺廟鮮少有巨大肪片龜，倒是迷你版肪片龜，模樣可愛討喜，愈受歡迎。元宵節期間，澎湖各地除有販賣肪片龜，麵包店、糕餅業者還推出迷你巧克力龜、麵包龜，總之元宵節前，澎湖到處是「烏龜」。

上金粉的巧克力龜。平常看不到烏龜麵包，唯有元宵節前夕，才會在麵包店、傳統市場出現。

南洋印尼的元宵節風俗

移居澎湖後，我親身體驗澎湖在地元宵節風俗，覺得新奇，充滿趣味，同時想起印尼元宵節。印尼各地元宵節風俗有異，最具代表性則是巨港、山口洋兩地。

巨港是南蘇門答臘省首府，華人多，以福建人為主。當地華人以及來自印尼全國和鄰國新加坡、馬來西亞的華人於元宵節時，紛紛搭著小舢舨前往穆西河小島──葛瑪羅島（Pulau Kemaro）慶祝。

每年元宵節前，葛瑪羅島上全掛滿燈籠，熱鬧非凡，不過因為當地寺廟有祭拜嫁給華人的印尼人神明，因此祭拜典禮不使用豬肉，而以羊肉代替，將伊斯蘭教習慣以羊肉作為祭品和道教信仰巧妙結合，其他祭品大致跟澎湖、臺灣無異。

至於山口洋，當地華人佔總人口數約七成，以客家人為主，有「千廟之城」之稱。元宵節是迎神日，結合道教儀式和當地原住民達雅族巫術的乩童會繞街，大街小巷掛滿燈籠，有濃濃中國風，人山人海，猶如嘉年華會。

在媒體不斷報導之下，現在印尼元宵節，不僅華人熱烈參與，不少印尼中產階級也會攜家帶眷參加。每逢元宵節，印尼各地不同民族的人齊聚巨港、山口洋，擠得馬路水泄不通，成為地方政府推動觀光的好機會，大賺觀光收入。

二〇二一年因為新冠肺炎疫情，為避免群聚感染，澎湖許多廟宇主動縮小元宵節的慶祝規模，但即使如此，在我看來，澎湖的元宵節熱鬧程度一點也不輸印尼。

大殼飯又稱「貝殼粽」。

清明節吃大殼飯

澎湖清明節和臺灣、印尼準備的祭品有些不同，在澎湖會特別準備「大殼飯」、「大蛤飯」，利用淺蜊（俗稱大蛤）包糯米飯，口感和外觀如肉粽，但多了鮮味。澎湖人以大蛤的貝殼取代竹葉，將煮好的糯米飯，加上蝦米、干貝、小管、紅蔥頭、肉絲、香菇等食材炒香後，填入大蛤，連同殼內蛤肉包住，再用麻繩綁好蒸熟。因為相似肉粽，故又稱「貝殼粽」、「澎湖肉粽」。

我第一次吃大殼飯時，覺得非常新奇。大殼飯如拳頭般大，長約七至八公分，肉質Q彈鮮甜。第一次看到在貝殼內包糯米飯，不得不佩服澎湖先人的創意！

澎湖人清明節吃大殼飯有幾個由來。有一說，祭拜祖先時，將吃完的大蛤貝撒在祖墳上，象徵白銀，可供祖先花用。又有人認為，可作為祖先的食器，同時象徵改運，此外，墳上有大蛤貝代表後代子孫有返鄉掃墓。

除清明節可吃到大殼飯，現在有些澎湖餐廳偶有提供，但隨著大蛤產量減少，大殼飯愈顯珍貴。幸好，近幾年澎湖縣政府水產種苗繁殖場致力復育，逐年提高產量，滿足市場需求。

清明節之外，在端午節時，有些澎湖人也會以大殼飯取代傳統肉粽，亦為一特色。

家有喜事，發喜帖送炸棗

移居澎湖三個月後，家裡收到澎湖友人的喜帖，以及一盒「炸棗」。一開始聽到「炸棗」，我以為是棗子做的糕點，打開後看外觀，像是臺灣人熟悉的「芝麻球」，或是印尼人熱愛的以綠豆為餡的圓球狀炸物「Onde-

炸棗象徵圓滿、吉利，送炸棗表示家有喜事。

onde」，但炸棗外皮更厚實，口感和「芝麻球」、「Onde-onde」不同。

經詢問得知，澎湖人送喜帖時，男方會特別送炸棗。炸棗可說是男方的「喜餅」，因此，如有人詢問：「何時能吃到你的炸棗？」代表關心男性友人何時結婚。

家有喜事送炸棗是澎湖特有風俗，跟臺灣或印尼華人只送喜帖習慣不同。老一輩澎湖人有句諺語「吃炸棗、年年好」，可見炸棗代表吉利、圓滿。

此外，炸棗跟男方家族「面子」有關。早年澎湖人生活較苦，物質缺乏，唯有節慶典禮、辦喜事才有機會吃好東西。宴客的主人為表心意，多希望賓客吃飽喝足，當家中辦喜事，如果經濟還不錯，通常會額外準備約二百至三百斤炸棗，窮苦人家則難以做到這些禮數。

炸棗外皮由糯米做成，一種以紅豆、綠豆、花生等為內餡，另一種則完全沒有包餡。通常可從外皮的芝麻顏色判斷是否包餡，以及包了哪種餡料。灑黑芝麻代表包紅豆，白芝麻代表包花生，黑白芝麻同時撒代表沒有包餡，不撒芝麻則代表綠豆口味。

炸棗要趁熱吃，冷掉後較油膩，口感硬。目前製作炸棗的地方集中在湖西鄉，多由第二代經營，有些業者提供現場ＤＩＹ做炸棗，不少觀光客會特別安排體驗。

除結婚送炸棗，新居落成、農曆新年、清明節或新船下海等，均可見炸棗。不過，隨著時代演變，有些澎湖人結婚時改送桂圓糕代替炸棗，因為桂圓糕即使冷掉，口感也不受影響，更符合年輕一代胃口，但從文化傳承而言，實為可惜。

Part 2

澎湖最大市場—北辰市場尋寶記

北辰市場位於馬公市北辰路上，是澎湖最大的傳統市場。澎湖縣政府在一九八三年興建二層樓室內市場，隔年啟用。一樓販售蔬果、海鮮，二樓販賣豬肉、羊肉、牛肉等肉品。周圍有許多店家、小販聚集，販售衣服、襪子、鍋具等日用品。

北辰市場一帶小吃店林立，販賣燒餅、春捲、炸粿、越南河粉等，尚有五金行、糕餅店、食材行、製麵廠、燈飾店、印尼商店、越南商店、診所、全聯、農會超市、郵局等，滿足馬公市及周遭鄉村民眾日常所需，是澎湖最重要的商業圈。

北辰市場販售多樣商品、海產，是澎湖人的生活中心。

2-1／應有盡有的北辰市場

我家與北辰市場的距離，走路不到十分鐘，一週至少逛北辰市場四次，買蔬果、肉品等，後來甚至連衣服都在北辰市場買。北辰市場幾乎什麼都有，不時會有流動商販賣咖啡機、咖啡豆、現榨麻油、苦茶油等，有時配合節日，販售節慶商品，例如農曆新年前，北辰市場便化身年貨大街：春聯、糖果、餅乾、花卉、南北貨應有盡有。

相較於雙北，澎湖人的日常作息較早，北辰市場通常不到早上七點就聚集許多人，上午十點後才去市場就已嫌晚，有些攤商甚至已在收攤。不過這時候有些魚販會打折，消費者可以用優惠的價格買到新鮮漁獲，只是選擇有限。

市場裡的海鮮種類隨季節變化，夏天常見到

火斑笛鯛魚、玳瑁石斑魚、冬天則有土魠魚、肉魚、白鯧、黑鯧。北辰市場除早上有攤販，到了傍晚，市場外圍也有一些阿婆來賣魚、賣菜，服務上午沒空到市場的人。

在北辰市場買海產，非常令人安心，因為每家攤商提供的漁獲都非常新鮮。如果購買土魠魚等大型魚，魚販會依照顧客需要切塊，再真空包裝，也可提供冷凍寄送服務，宅配到各縣市。

部分澎湖魚販企業化經營，隨時攜帶名片，消費者想要買魚，可事先訂購。冬天土魠魚季時，許多人搶著買魚，市場的土魠魚經常一下就被掃空，有些人擔心買不到魚，因此會先下單訂購，確保優先取得漁獲。

土魠魚售價經常波動，價格取決於漁獲多寡，漁獲量則跟氣候有關。有時一連好幾天，東北季風太大，漁船無法出海，捕魚天數少，漁獲便跟著減少，售價飆高。反之，天氣晴朗，漁

土魠魚是澎湖人的「白金」。魚販建議要買體型6公斤以上的土魠魚，肉質才肥美，否則較乾柴。

曬乾的丁香魚、小魚乾、干貝、魷魚、章魚乾等。

船可以出海，漁獲增加，價格相對親民。不過，三月之後，土魠魚量減少，價格卻低廉。因為澎湖人認為入春之後，海水溫度回升，土魠魚體內油脂含量降低，肉質變得乾柴，不如冬天的土魠魚肥美，所以不受澎湖人喜愛。

在北辰市場，除可購買種類豐富的新鮮海產外，曬乾的海產種類也非常多，且品質都非常好，從干貝、蝦米、蝦皮、丁香魚、鹹小卷、石鮔乾、鹹魚一應俱全，非常便利。

每次逛北辰市場，總會發現新鮮事物。近來，隨著新住民增加，北辰市場偶爾可見印尼、越南等南洋食材，如薑黃、蜜蕉、蛋蕉、芭蕉花、樹薯、紅毛丹等。

已有不少新住民成為北辰市場商販，其中以越南人為主。有好幾間小吃店已由越南新住民接手，往往會在臺式小吃中加入越南常用的辛香料或香草，口味還頗受澎湖人歡迎。

從高雄空運到澎湖的新鮮紅毛丹。

隨著越南新住民人數不斷增加，北辰市場偶爾可見南洋料理食材——芭蕉花。

蛋蕉，手指頭般大小，果肉結實、香甜，偶爾在北辰市場可見其蹤影。

蜜蕉，外觀比蛋蕉大，結實、香甜，在北辰市場有時可見，除新鮮吃，在印尼，不少人拿來煮甜湯，以椰糖、椰漿、斑蘭葉調味，配冰塊吃或溫熱吃都美味。

2-2／似懂非懂的澎湖臺語

雖然我不是閩南人，但住在臺灣二十七年，加上嫁給道地雲林人，公婆多少會跟我講閩南語，長年下來，還是聽懂一些簡單、常用的閩南話。不過，第一次去北辰市場買菜時，發現澎湖人的閩南語腔調、部分字句發音，與臺灣本島有些差異。

後來我也發現，澎湖群島之間的閩南語發音亦有差別，例如馬公、白沙、西嶼都有各自的口音。可能是過去交通不便，島嶼間的往來受限，各島的閩南語逐漸自成一格。

移居澎湖後，每當聽到澎湖人以臺語說「你」、「我」時，我倍感親切。澎湖人說「你」，採用中文古音「汝」，雅加達巴達維語的「你」的發音恰好也是「Lu」。澎湖人說「我」的發音，也和巴達維語的「我(Gua)」相近。當今雅加達人，日常溝通中仍喜歡用Lu、Gua取代標準印尼文的Saya、Aku(我)、Kamu(你)。

印尼的民族眾多，不同民族有不同方言，其中巴達維語是雅加達本地人的溝通用語，和標準印尼文不同。巴達維語以馬來語為基礎，再融合巽他語、巴里島語、閩南話、荷蘭文、葡萄牙文和阿拉伯語言。

早年不少閩南人到南洋做生意，與荷蘭、阿拉伯、葡萄牙、印尼各民族商人交易，他們多半在雅加達舊稱巴達維雅港口附近買賣，當地聚集商人、奴隸等，無標準溝通用語，各民族、階級的人將家鄉話傳至當地，久而久之形成巴達維語。

印尼有許多閩南人，他們自稱為福建人(Hokkien Lang)，印尼福建人和多數澎湖人祖先一樣來自福建同安、金門、晉江、南安等地，或許因此印尼華人的用語與澎湖人的閩南語有部分相似。

語言如同美食，是民族的象徵，能讓人們產生親密與歸屬感。來到陌生的地方時，只要聽到有人說起相同的語言，就容易有認同感。

2-3 ／ 臺灣來的？

「妳是臺灣來的？」

移居澎湖後，第一次聽到這句話，感覺自己彷彿置身海外。

一般在臺灣，大家習慣說臺北人、臺中人、雲林人、高雄人……，但澎湖通稱來自臺灣本島的人為「臺灣來的」。

一開始，被這麼稱呼有點不習慣，但其實在印尼，因為國土涵蓋眾多島嶼，居住於不同島嶼的人，也經常以島名代替地名。例如：印尼華人會稱住在蘇門答臘的華人為蘇門達臘華人，蘇門答臘華人之間才又細分不同省份、地區、祖籍等。

剛開始去北辰市場，因為不熟悉市場動線，經常詢問攤販，他們都會反問我：「妳是從臺灣嫁來澎湖的嗎？」之後與攤販熟悉後，如果一陣子沒去市場，大家也會問我：「最近回臺灣嗎？」

雖然澎湖屬於臺灣的一部分，但對澎湖人而言，臺灣是臺灣，澎湖是澎湖。在澎湖人眼中，我是「臺灣人」，但面對更熟悉的親友，我會進一步告訴他們：「我是印尼華僑。」

當聽到「印尼華僑」時，澎湖人與臺灣人的反應不同。若在臺灣，不少人會好奇：「但妳不像印尼人，皮膚白、長相跟臺灣人一樣啊！」而澎湖人通常反應平平，彷彿不太感興趣。

當聽到別人說，我的長相跟臺灣人一樣時，我總莞爾。民族特徵、血脈騙不了人，華人不會因為在海外出生，或居住海外，長相就變成外國人。

但是居住的環境會影響人的行為、氣質與思緒。居住南洋的印尼華人性格普遍開朗、熱情，經常大笑，一見面又親又抱，相比之下，臺灣人則顯得含蓄、穩重、謹慎。

此外，印尼華人經常讚美、誇獎他人，總是將「帥哥」、「美女」、「親愛的」、「寶貝」等詞語掛在嘴邊，既俏皮又擅於表達情感。但臺灣人聽到他人的稱讚時，經常不知所措，甚至懷疑他人別有所圖。

或許我長年在臺灣生活，加上多居住在雙北市，有著都市人的生活習慣，例如出門一定要穿漂亮衣服、化妝、戴耳環等。來到澎湖後，過度講究穿著，就顯得與本地人不同，甚至有點奇怪。有次出門吃飯，我化了濃妝，朋友還以為我要參加喜宴。

還有一次客人來我家，我精心打扮。結果澎湖友人問我，是否待會兒還有活動？後來我漸漸穿著樸素，愈貼近澎湖生活，發現愈輕鬆自在，如同大海般無拘無束。

北辰市場二樓販售新鮮肉品。

2-4／老闆，我要買黑豬肉

我從小不吃豬肉，因為對我而言，豬肉味太重，但為了家人，我仍會煮豬肉料理。在臺灣我習慣在有機超市買豬肉，總覺得較安心，其次較無腥羶味。另外就是到傳統市場買溫體黑豬肉，因為我婆婆曾經說明，黑豬肉比較不會有腥味，而且口感較好。

但澎湖的有機店僅有里仁一家，而且不賣肉類，因此我決定到專門賣肉的北辰市場二樓買「黑豬肉」。第一次去詢問時，老闆看著我，滿是疑惑地說：「澎湖沒有黑豬肉，臺灣才有，但臺灣有很多黑豬肉嗎？」我回答：「臺灣的黑豬肉也不多，只有少數攤商有賣！」

賣肉的老闆看我有些失望，趕緊說：「我

們賣的豬肉妳可以放心，基本上從臺灣運送到澎湖的豬肉，澎湖縣衛生局都有把關，在港口就會檢疫，若有問題絕對不能進市面。」老闆還說：「我們豬肉都是溫體豬，新鮮的肉，體味不重！」

老闆的熱情推薦，我決定買回家試試，發現這家豬肉不像有些大賣場賣的豬肉，味道太重，讓我難以接受，煮給家人吃，他們也說好吃。北辰市場有二十三家豬肉攤，但我都在固定攤位買豬肉，一來習慣，二來安心。

二〇二一年初，當萊豬鬧得沸沸揚揚時，許多到菜市場買菜的婆婆媽媽無不擔心，七嘴八舌、議論紛紛。只要有人質疑，賣我豬肉的老闆便說：「我不吃萊豬，更不會賣萊豬給大家。我賣的是溫體豬，一定是臺灣本地豬肉，你們看，你們摸，還有餘溫呢，絕不會是萊豬！」

北辰市場魚販大多聚集在一樓。

2-5／海派魚鮮，只恨冰箱不夠大

對於從小愛吃海產，家中餐桌每餐必定要有魚、蝦的我來說，澎湖海鮮，美味無敵！

澎湖海鮮種類多元，有不少我也是第一次見過。澎湖人非常懂魚，每次到餐廳吃飯，海產一端上餐桌，隨便問澎湖友人是什麼魚，立刻有答案。

澎湖人非常關心魚價，當地新聞報紙、網路社團每天都有漁獲價格消息。人們也經常討論「魚」，今天哪種魚量多還是量少、價高或低，都是聊天的題材。

北辰市場魚販大多聚集在一樓，以及市場門口和左側，還有一些是流動魚販，販售自家釣上來的魚，或在潮間帶撿到的螃蟹、貝螺等。在澎湖買魚，既方便又安心，不太需要擔心是否新鮮，因為澎湖人幾乎都是吃魚高手，所以魚販們往往比買家更在意漁獲鮮度。

我喜歡吃土魠魚，除了乾煎酥香之外，土魠魚風味類似白北魚可做成Pempek（印尼巨港甜不辣）、魚丸、魚羹。但土魠魚只有冬季才有，不免想多買囤貨，只可惜家中冰箱不夠大，放不下我想買的量。

大多數澎湖人家中都有兩個冰箱，一種是一般家用冰箱，另一種則是冷凍庫。澎湖人遇到喜歡的魚或是價格優惠，就會多買一些。冬天時囤冬季魚，夏天時多買夏季魚，如此春夏秋冬，一整年都能吃到不同季節的海鮮。

聽到澎湖人家裡有兩個冰箱，我非常羨慕，也希望能多個冰箱，裝滿我所喜愛的海鮮！

人稱「澎湖章魚」的石鮔。

市場裡有各式各樣的螺，這是珠螺。

澎湖農會規劃「澎湖蔬菜專區」，區隔其他產地蔬果，方便消費者選購。

2-6／得意的在地食材

隨著全球化的發展，市場販售的農產品經常來自世界各地，過去大家不太區分進口或在地蔬果，現在則有不少人，寧願多花錢買在地生產的農作物，盡量不選進口農產品。為配合消費者需要，政府規定業者需清楚標示產地，就連超市裸賣的農產品也要標示，方便消費者選擇。

在澎湖也不例外，澎湖農會超市不僅標示產地，還設立「澎湖蔬菜專區」，包括麵條、餅皮、豆腐、小吃等食材，標籤上皆會特別註明「產地／澎湖」。甚至，逛北辰市場時，菜販會特別強調：「這是澎湖茼蒿、澎湖珠蔥喔！」顯示澎湖人對本地農產品情有獨鍾。

或許全球化，反而激發人們愛鄉愛土的心

情。我發現不僅臺灣人如此，印尼亦是。每次回印尼，百貨超市的產品標籤、廣告等，經常強調「採用本地蔬果」。

無論臺灣、澎湖、印尼，大家都認為「自家農產品最好」。情感因素之外，原因還包括產地直銷，產品更新鮮，也更符合當地人胃口和飲食習慣。購買在地農產品，還能支持本地農民，亦可縮短食物里程，減少碳排放。

多數澎湖人喜愛澎湖自產的蔬果、豬肉、雞蛋。澎湖人常說：「澎湖的比臺灣的好吃！」在菜市場買菜，婆婆媽媽向我分享：「澎湖珠蔥比臺灣大蔥香，拿來煮湯最好。」至於肉類，澎湖友人也常說：「澎湖豬比臺灣豬好吃，可惜產量不多。」但對剛到澎湖的我，實在分不出差別。

不過在澎湖住一陣子後，有時我會特別買澎湖的農作物，如茼蒿、絲瓜、嘉寶瓜、紅蘿蔔、白蘿蔔、大頭菜、高麗菜等，一來想嘗嘗澎湖本地農作物風味和臺灣是否不同，二來有些在臺灣不曾吃過，例如嘉寶瓜，因而想嘗鮮。

至於是澎湖的好吃，還是臺灣的好吃？我難以定論。畢竟飲食，不僅是生理的飽足，更多時候是心理的滿足，每個人的感受都不同。

澎湖土雞蛋，一袋100元，內有10顆蛋。

Part 3

吃在澎湖 從食材到餐桌的美食探險記

來到澎湖，彷彿進了大觀園，喜歡做菜的我，開始嘗試一種從食材到餐桌的美食探險，外食我喜歡在地風味，在家我就開始把當地食材南洋化，生活中充滿不同的驚奇與美味。

過去我雖然愛做菜，但很少走到田間產地；移居澎湖，有機會走到田裡跟阿婆聊天，走進魚市場跟漁人學習，走入海鮮店跟老闆討教，料理魂似乎又更加擴展，每天都有尋寶的感覺，非常開心。

廚房就是我的料理實驗室，喜歡餐廳可以看我的食記，喜歡南洋味也可以參考我的食譜，希望你也有機會體驗吃在澎湖的澎派與豐盛。

3-1／在地蔬菜

受限於地理、氣候等因素，澎湖的農產品先天就不豐富，種類也不多，加上人口老化，年輕人口外流，留在島上的年輕人多從事服務業，農業人口大量減少，以致本地蔬果產量無法滿足市場需求，必須從臺灣輸入農產品，且澎湖在地蔬果售價往往比臺灣高，而且產量少，有時要「搶貨」。

澎湖土壤由玄武岩和珊瑚礁風化而成，大致分成澎湖花嶼古老地質層土，以及玄武岩地質層土。前者屬於中性偏酸性土壤，後者則是中性偏鹼性。玄武岩地層土較適合耕作，礦物質含量高、土質穩定，唯因風力強，又夾帶海水，導致澎湖土壤含鹽量高，不利農作物生長。

除嘉寶瓜、哈密瓜主要產區在白沙鄉後寮、中屯、赤崁等，澎湖北辰市場販售的在地蔬果主要來自湖西鄉。湖西是澎湖的「應許之地」，土壤最為肥沃，春夏期間盛產蔬果有絲瓜、火龍果、花生等，冬天則是高麗菜、花椰菜、大頭菜、珠蔥、茼蒿、地瓜、冰花菜、番茄類、白蘿蔔、紅蘿蔔、南瓜等。

整體而言，澎湖的蔬果，除高麗菜、南瓜、白花椰菜特別大顆，其他都偏瘦小，甚至非常迷你。

01

澎湖絲瓜

澎湖絲瓜長約二十至三十公分，和印尼絲瓜一樣瘦瘦長長，臺灣絲瓜則是圓圓胖胖。澎湖絲瓜一條售價約三十元，通常需要兩條才夠炒一盤，平均價格也比臺灣常見的絲瓜略高。

澎湖土壤貧瘠，鹽分含量高，無論土壤或空氣中，經常聞到一股鹹味，但這樣的環境卻很適合種瓜，尤其澎湖絲瓜，特別爽口。

澎湖絲瓜別名為稜角絲瓜、金門絲瓜、廣東絲瓜、八角瓜、角瓜等。採收季為三月至九月，所以只要在北辰市場看見澎湖絲瓜，便知春天到了！

澎湖絲瓜和印尼常見的絲瓜相同，學名為*Luffa acutangula*，口感又脆又甜，煮湯或清炒後滑滑嫩嫩，適合大小朋友食用，許多平常不愛吃青菜的小孩子，都難抗拒絲瓜。

澎湖絲瓜長約二十至三十公分，和印尼絲瓜一樣瘦瘦長長，臺灣絲瓜則是圓圓胖胖。澎湖絲瓜一條售價約三十元，通常需要兩條才夠炒一盤，平均價格也比臺灣常見的絲瓜略高。我偏愛嬌小的澎湖絲瓜，覺得更甜更好吃，同時更討喜。

由於澎湖絲瓜外皮不若臺灣常見絲瓜平滑，外皮有凹凸不平的溝槽，有些人認為不好削皮，因此市場裡，不少攤販會協助削好，買回家後只要清洗，按自

在北辰市場販售的澎湖絲瓜，多來自澎湖本地農家，不過九月之後，幾乎很難買到在地的澎湖絲瓜，但經常可見外型更長，約四十公分的「澎湖絲瓜」，通常來自臺灣南部。

己需要切塊、切段即可直接烹煮，非常便利。

澎湖絲瓜炒法與臺灣絲瓜略有異，澎湖絲瓜清炒時，較不易產生水分，可多加點水，有助瓜肉軟熟。

澎湖絲瓜常見的煮法以炒為主，包括絲瓜炒蛋、蛤蜊、蝦仁、蟳肉等。有時會煮湯，加入冬粉、蛤蜊、小管，變成「絲瓜蛤蜊小管粉絲湯」。印尼多以煮湯為主，通常喜歡煮絲瓜蛋花湯，有些會搭配肉丸、魚丸、鳥蛋，加上紅蘿蔔、少許米粉、冬粉等，屬於清淡口味。

除清炒、煮湯，澎湖絲瓜還可生吃，做成蔬菜沙拉，常見做法為，將絲瓜切薄片冰鎮後，淋上凱撒醬、千島醬等常見沙拉醬即可，口感爽口。絲瓜切薄或切厚，可依個人喜好決定，但切得有點厚度，口感更脆。澎湖絲瓜也可做涼拌，將絲瓜切成適當大小後，加點香油、調味，即為桌上佳餚。

春夏季來澎湖的遊客，推薦一定要品嘗一下在地的澎湖絲瓜。

春夏期間，澎湖田地處處可見絲瓜匍匐在地。

絲瓜花黃色明亮，小巧可愛

市場裡販售的澎湖絲瓜，長度約二十至三十公分。

絲瓜炒海瓜子，鮮美爽口。

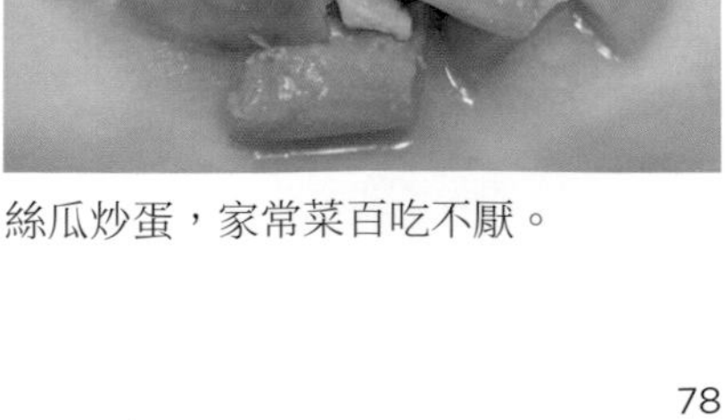

絲瓜炒蛋，家常菜百吃不厭。

澎湖絲瓜沙拉

炎熱夏天下廚常弄得滿身汗，煮飯菜顯得格外辛苦，往往因為太疲累，食欲全無。這道澎湖絲瓜沙拉，可說是超級救星，不費力氣，一道佳餚，輕鬆上桌。做成沙拉，除切輪，尚可切條狀，切薄切厚，可依個人喜好。此外，要淋何種沙拉醬，同樣隨興、無拘束！

材料

澎湖絲瓜 一條、沙拉醬 適量、冰塊 適量

作法

1. 絲瓜洗淨去皮，切片或條狀，以冰塊冰鎮至少半小時，取出淋上沙拉醬，上桌。

料理重點

澎湖絲瓜沙拉越冰涼越脆甜，如不趕時間，可冰鎮久一點。

02

哈密瓜

澎湖哈密瓜不若臺灣常見的哈密瓜碩大，外型嬌小，猶如臺灣常見的香瓜，甚至更小一些，適合一人獨享，一顆五十五元。有人說，澎湖哈密瓜果皮厚，但我在市場買回來的瓜，剖開後發現果皮比在臺灣常見的哈密瓜薄，果肉相對單薄，但汁多十分香甜爽口，果色呈淡粉橘紅色。

澎湖哈密瓜盛產期從五月到六月下旬，主要產區為白沙後寮、港子。澎湖哈密瓜和來自新疆哈密、鄯善的哈密瓜雖同為洋香瓜葫蘆科香瓜屬，但卻不同品種，澎湖哈密瓜品種以「網紋洋香瓜」為主，一九五一年從美國和日本引進栽培，而後澎湖白沙鄉就有種植紀錄。

水果攤老闆告訴我，澎湖的哈密瓜要選第一輪生長的瓜，「外皮紋路越多、越密集。」品質最佳，口感最甜。

果農為避免哈密瓜果實長太多會做「疏果」，未熟成的當地人稱青哈密瓜，可切塊加上排骨、貢丸、魚丸煮湯，或切絲加上蝦米、肉絲清炒，是澎湖人的古早味。青哈密瓜口感如大黃瓜，微甜軟綿。

哈密瓜威士忌

澎湖友人告訴我，將剖半的哈密瓜，去籽後淋上威士忌，風味瞬間改變，甜美狂野。我從哈密瓜配威士忌吃法，得到新的甜品靈感。將哈密瓜、威士忌加上香草冰淇淋調製成哈密瓜威士忌奶昔，上頭撒一點我愛的玫瑰花瓣，成了迷人又浪漫的甜品。

材料

哈密瓜160公克、威士忌15cc、香草冰淇淋1球、有機玫瑰花1朵、薄荷裝飾用

作法

1. 哈密瓜洗淨，去皮切塊放入果汁機，加上威士忌及香草冰淇淋打成奶昔。
2. 倒進杯裡，撒上玫瑰花瓣，以薄荷裝飾即成。

03

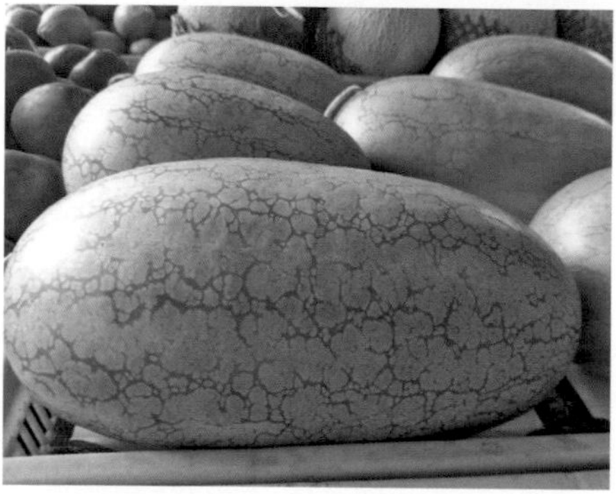

嘉寶瓜

澎湖瓜果很知名，當中最有名的有三瓜，除絲瓜、哈密瓜，還有嘉寶瓜。

澎湖嘉寶瓜外型猶如大西瓜的縮小版或小冬瓜，長橢圓形似小抱枕，果皮綠色光滑，皮薄容易裂，不利長途運送，果肉呈黃橘色，種籽比西瓜多又大。

有人說，嘉寶瓜很甜，嘗起來「沙沙的」，但更多人認為，口感較清甜，吃起來「脆脆的」。我自己品嘗後認為偏向後者，味道清爽、口感脆、水分多。炎熱天氣吃嘉寶瓜，消暑解渴！

嘉寶瓜主要產區在白沙中屯村，屬於西瓜類，原名「嘉寶兵瓜」，最早於日據時期由日本兵庫縣引進至澎湖種植。嘉寶瓜很能適應澎湖特殊氣候，成為澎湖特產之一，深受在地人喜愛，每次說到嘉寶瓜，澎湖人眼神閃閃發光，非常推薦，甚至跟我說，他們四~五月期間會跟農友事先訂購嘉寶瓜，以免向隅。

澎湖的嘉寶瓜確實不太好買，有些攤販會賣跟嘉寶瓜外形、口感很像的「紅鈴西瓜」，不瞭解者以為吃到大名鼎鼎的澎湖嘉寶瓜！

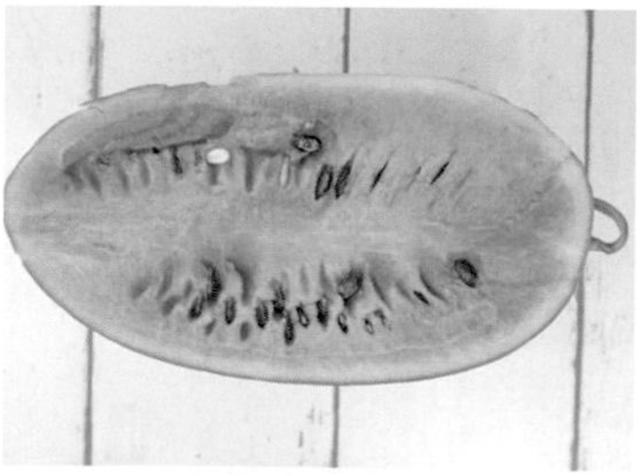

嘉寶瓜果肉為橘黃色，果皮薄，多汁微甜，種籽又多又大。

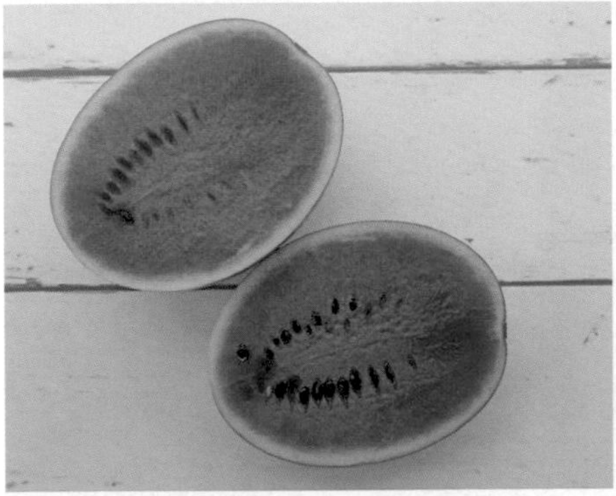

除嘉寶瓜，北辰市場有販售「紅鈴西瓜」，外形猶如迷你版大西瓜，乍看下會以為是嘉寶瓜。剖開後發現果肉是紅色，和大西瓜無別，只是籽多，果皮比大西瓜薄，多汁脆爽，口感和嘉寶瓜相似，屬於清爽清甜型。

春夏期間，澎湖市場有多種瓜果類。

04

仙人掌

澎湖仙人掌大名鼎鼎，已成為在地特色美食。不過，冬季時，澎湖市場少有仙人掌果實，直到四月初，我在一家水果攤看到仙人掌果，於是走進去挑選了色澤紫紅色的成熟果實九顆，總計八十元。

仙人掌，別名先巴掌、仙人扇、火掌、火焰、玉芙蓉等。在澎湖最常見到的仙人掌品種為金武扇仙人掌，原產中南美洲。

仙人掌耐乾旱，對土壤要求不高，適合生長在沙漠或乾燥少雨區。澎湖的氣候條件很適合仙人掌生長，大多生長在海岸旁。某回冬天時，我到海邊，寒風刺骨，但仙人掌絲毫不受影響，依然開花結果。

仙人掌果肉色澤如同紅色火龍果肉，口感也有幾分相似，不過仙人掌果味道酸甜鮮明，果肉口感薄滑、汁多，火龍果則較甜，果肉綿密潤滑、汁多。仙人掌籽大、堅硬，顏色為米色，吃的時候要吐掉，或者將果肉挖出放進水杯裡拌勻，籽會沉入杯底，而火龍果籽小，能直接吃進肚裡，兩者均屬於仙人掌科不同屬，算是親戚。

仙人掌果高度約七公分，頂部圓圓胖胖、尾部瘦瘦長長，吃之前要將尾部去掉，留下圓胖的頂部，並從中間剖開。吃之前要去除頂部的「六角刺」，否則不小心吃到，會割傷舌頭，甚至刺破腸胃，很危險。

仙人掌果非常耐放，一連放在冰箱兩周，依然完好，口感維持酸甜美味。不過聽說，早年澎湖人不吃仙人掌果實，直到近年，有商家賣仙人掌冰，仙人掌果實才因而引起注意。

雖然野生仙人掌果實，人人可採收，但無經驗者很可能被刺傷，會疼痛好幾天。採收仙人掌果實非常耗工，採收者需要穿上雨衣，戴上手套，避免被刺傷。採收回來的果實，也得去除細刺。

澎湖仙人掌多為野生，春天一到，成熟的果實已被採光，留下仍在生長的小果實，或尚在開花中的仙人掌花。仙人掌花非常美麗，黃色明亮，猶如陽光般溫暖，非常討喜。

仙人掌除可做成冰品、飲料，還可當天然色素，使用仙人掌汁做湯圓，或將傳統糕餅常用的紅色色素改以仙人掌汁取代，不僅更天然，色澤同樣明亮飽和，水煮後仍能保持鮮豔亮麗，無須擔心退色。

仙人掌椰糖麻糬

椰糖麻糬中文亦稱「椰絲球」。印尼椰糖麻糬在不同地區有不同名稱，中爪哇人稱「Klepon」，有些人稱為「Celepon」，蘇門答臘北部以及馬來西亞、新加坡習慣稱「Onde-onde」、「Ondeh-ondeh」。雖然名稱不同，其實指的都是同一道甜點。

椰糖麻糬傳統顏色為綠色，將糯米粉加上由斑蘭葉榨取的汁液染色，口感酥香，帶有芋頭香氣，甚受大眾喜愛。搬到澎湖後，我以澎湖仙人掌汁製作，做出紅色充滿喜氣的仙人掌椰糖麻糬。

材料

椰絲50公克、椰漿1.5大匙、鹽少許、糯米粉100公克、在來米粉20公克、仙人掌汁2大匙、斑蘭葉2片、涼開水70cc、椰糖35公克、水1500cc

作法

1. 椰絲跟少許鹽、椰漿拌勻，加1片斑蘭葉，放入電鍋蒸約10分鐘。
2. 糯米粉、在來米粉放入碗中，入仙人掌汁，以及少許鹽揉搓，並逐次倒入少量涼開水，繼續揉搓至有黏性可成團，再捏成圓球狀。
3. 將米糰中間以食指戳凹洞，舀入約1/2小匙椰糖，收口包起來搓成圓形。
4. 取一鍋煮水至滾，放入斑蘭葉1片，圓形麻糬糰煮到浮於水面，再繼續煮約1分鐘撈起，外頭裹椰絲一起食用。

仙人掌六色湯圓

傳統湯圓僅有紅白兩色，華人移居南洋後，受在地人喜在糕點以斑蘭葉增味、染色影響，因此出現紅、白、綠的三色湯圓。現今的湯圓無論在南洋或澎湖、臺灣，已臻五顏六色，甚至還有造型湯圓，模樣可愛討喜。

這道六色湯圓，色澤明亮可愛。「六」在中華文化裡也代表「六六大順」，事事圓滿。

材料

Ⓐ糯米粉 500公克

Ⓑ斑蘭葉 7片、仙人掌汁2大匙、蝶豆花15朵、紫地瓜145公克、紅地瓜145公克。

Ⓒ椰糖300公克、水約2000cc、生薑100公克、斑蘭葉6片

作法

1. 材料Ⓐ的糯米粉分6份，其中四份各100公克，另兩份各50公克。
2. 材料Ⓑ斑蘭葉加約90cc的水榨汁、仙人掌汁加約60cc的水拌勻，蝶豆花加90cc的水搓揉取汁。紫地瓜及紅地瓜先蒸熟，蒸好取出去皮，壓成泥備用。
3. 將材料Ⓐ每份100公克的糯米，分別加上材料Ⓑ的斑蘭汁、仙人掌汁、蝶豆花汁，搓成綠色、紅色及藍色湯圓。剩下100公克的糯米，加80cc開水搓成白色湯圓。紫地瓜及紅地瓜泥，各加上50公克糯米，搓成紫湯圓及黃湯圓備用。
4. 材料Ⓒ的水及斑蘭葉放入鍋中煮開，加椰糖、拍碎的生薑，以及步驟三的湯圓一起煮，待湯圓浮於水面續煮約1分鐘即可。

料理重點

斑蘭葉別名七葉蘭，入滾水中煮之前，要從中間撕開，再對折，如此更能釋放香氣。

食記好吃好玩

野生仙人掌

以氣泡水加上仙人掌汁拌勻，泡出葡萄酒紅色的仙人掌飲品，既浪漫又賞心悅目，口感如愛情的滋味，酸酸甜甜，充滿驚喜。

仙人掌冰淇淋

海膽仙人掌炒飯／澎漁宴

05

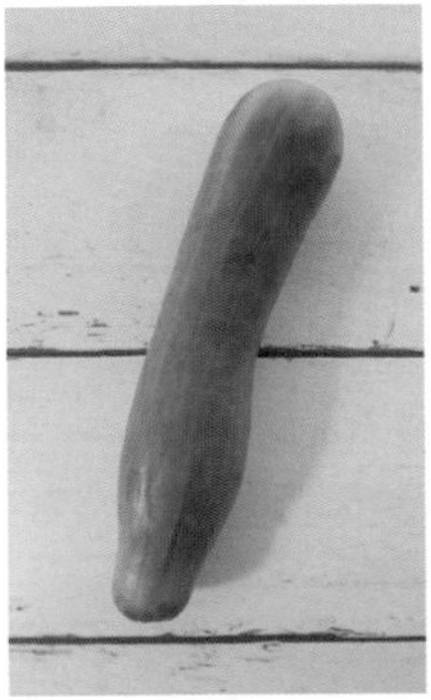

望安酸瓜（越瓜）

望安酸瓜又名「酸瓜仔」，為越瓜的醃漬品。在澎湖，越瓜俗稱艶瓜、鹽瓜，又按果皮顏色不同，稱作白瓜、青瓜等，原產中國大陸南方和亞洲熱帶地區，耐熱、耐濕，外觀猶如大黃瓜、櫛瓜，開黃色花朵，屬於葫蘆科，產季在四、五月，這段期間許多望安鄉家戶忙著醃漬越瓜。越瓜除可醃漬成酸瓜，老一輩澎湖人說，早年還有大小如冬瓜的越瓜，可當水果吃，口感甜蜜，不過現在似乎已絕跡，找不到。

澎湖早年物質不豐，冬季鮮少有蔬菜，先民將夏季盛產的越瓜醃漬，以備冬季食用。作法是將新鮮越瓜切薄片，日曬約六小時，再用粗鹽搓揉後，填入空保特瓶，並灌入蕃薯籤湯、粥湯或已煮好放涼的玉米水作為發酵媒劑。

不過並非所有保特瓶都適合當醃漬包材，必須選擇瓶身較有厚度的空瓶，如蘋菓西打、可口可樂瓶等，一般礦泉水塑膠瓶材質較薄，不宜使用，否則待酸瓜發酵，產生氣體時，容易膨脹裂開。

四月起，北辰市場有不少攤商販賣望安酸瓜，大部分以蘋菓西打瓶作為包裝瓶。詢問店家，為何如此？多數表示，不清楚，只知道從望安賣到澎湖本島的酸瓜，古早以前就是使用蘋菓西打瓶。

然而，使用蘋菓西打瓶作為醃漬包材，並非古早作法，畢竟早期保特瓶不易取得。根據《望安鄉志》記載，早年先民多以烏甕仔、白甕仔等中小型窄口陶甕作為醃器，將越瓜壓緊入甕，甕口裏以層層布片與

裝在蘋果西打瓶罐的醃漬望安酸瓜，一瓶約二百元。
早期物質缺乏，澎湖人為預備過冬，經常曬越瓜做醃漬酸瓜。到現在，澎湖冬季已有許多蔬菜可選擇，但望安酸瓜仍深受歡迎。

油臘使之密不透風。隨著空保特瓶容易取得，以及運送比陶甕方便，因而成為酸瓜醃器首選。

眾多飲料保特瓶中，蘋果西打最容易取得，澎湖許多鄉間餐廳、店家鮮少提供可樂，反倒是蘋果西打處處可見。此外，蘋果西打的包裝設計採用黃色為主視覺，以紅色蘋果作主圖，色澤明亮、討喜，搭配翠綠的醃漬酸瓜，視覺效果更美觀、吸引人，真是天生絕配。

特別提醒，食用望安酸瓜前，第一次開瓶，要小心慢慢排氣，千萬不要一下子將瓶蓋全打開，否則將釋放強烈氣體到處噴濺汁液。至於開瓶後，務必放冰箱保存。

料理上，除可炒酸瓜炒蛋，尚可炒小管、肉片，或燉煮排骨、雞肉、魚湯、蒸魚均美味！搭配白飯、稀飯非常開胃，有時我還會配印尼炒麵、炒飯、炒河粉，爽口解膩。

來澎湖好吃好玩

新鮮越瓜

曝曬中的越瓜片，準備醃漬成酸瓜

望安酸瓜炒蛋

望安酸瓜煮魚

06

金瓜（南瓜）

南瓜別稱金瓜，果肉金黃，非常討喜。在澎湖，南瓜一年四季皆可種，因此市場最常見到南瓜。和臺灣常見的南瓜不同，澎湖南瓜特別大顆，直徑約可達三十公分，甚至更大。

南瓜原產於北美洲，因此有人稱之為北瓜、番瓜。有些資料顯示，南瓜源自亞洲南部，花朵為黃色，耐存放、好運送，口感香甜綿密，適合做糕餅、饅頭、甜湯等甜點。南瓜還可當雜糧、飼料，因此中國大陸不少地區將南瓜稱為「飯瓜」。南瓜味道可口香甜，很少人不愛南瓜，許多小朋友更是愛不釋手，正在學習吃副食品的小寶寶，對南瓜泥特別喜愛。

澎湖人喜歡將南瓜與米粉一起炒，稱為「金瓜炒米粉」，是澎湖知名美食。作法並不難，將米粉以熱水滾燙後，與刨絲的南瓜，加上小蝦米、肉絲、中卷，或魷魚、花枝、蝦仁，以及香菇、木耳、紅蘿蔔，再加上白胡椒粉、蔥、鹽拌炒即可。

金瓜炒米粉除可當正餐主食或小吃，澎湖人逢年過節、祭祖、婚宴也經常準備金瓜炒米粉，足見澎湖人對這道美食的熱愛。移居澎湖後，才知道南瓜尚能搭配米食煮食，不但色澤艷麗討喜，還美味香濃。

南瓜採收後，要隔夜放至少一、兩天熟成，口感更好吃、香甜綿密。左邊南瓜經過熟成，色澤更黃，鬆軟香甜。右邊則是採收後，當天剖開，顏色淡，生澀乾硬。

澎湖人還喜歡吃「南瓜麵疙瘩」，加入蝦仁、鮮蚵、花枝、海瓜子、魚丸等，以及香菇、芹菜、蒜末、蔥花、青菜、紅蘿蔔等，配料可視個人喜好調整，香甜、濃郁。同樣的配料，也可以加上米苔目，煮成「金瓜米苔目」，或是與小米粥同煮，則變成「金瓜小米粥」。有些餐廳則將南瓜切薄片，裹粉酥炸，非常美味。

椰糖南瓜西谷米

椰糖南瓜，口感香甜綿密，搭配西谷米潤滑可口。因為添加椰奶使甜湯口感酥香，又因為採用椰糖，味道甜而不膩，容易讓人一碗接一碗吃不停。

材料

南瓜400公克、地瓜230公克、椰糖90公克、椰漿120cc、斑蘭葉3片、海鹽 少許、水1500cc、西谷米適量

作法

1. 將南瓜、地瓜洗淨削皮（南瓜去籽），瓜肉切塊備用。
2. 取鍋加入水1500cc煮到滾，放進斑蘭葉、南瓜及地瓜塊，邊煮邊撈出雜質。
3. 待南瓜湯汁略減少、濃稠，擱椰糖、椰漿、海鹽以小火續煮。
4. 另取鍋加水煮到開，放入西谷米，煮約10分鐘，關火撈出，放進南瓜甜湯裡，稍煮片刻，熄火。請記得先不要開鍋蓋，讓西谷米燜著一段時間。

料理重點

1. 如喜歡加冰塊吃，椰糖分量可稍增加。
2. 此甜湯適合冰涼吃，亦適合溫熱吃。
3. 如不小心加太多西谷米，導致甜糖過於濃稠，只要再加水、斑蘭葉、椰糖、椰漿、海鹽稍調味即可。

南瓜海鮮麵疙瘩

我先生和女兒鍾愛南瓜海鮮麵疙瘩，海鮮、蔬菜配料，可依季節或個人喜好調整，口感鮮甜。烹煮過程幾乎無油煙，煮完後，廚房好清理，是一道便利、健康又美味的佳餚，唯需要花點時間熬煮海鮮高湯。鮮美的高湯，以及挑選好的南瓜，採用新鮮海鮮、蔬菜是這道料理的美味關鍵。

材料

蝦子(大) 10隻、鮮魚片5片、牡蠣適量、中卷1隻、麵疙瘩適量、花椰菜適量、芹菜2根、高麗菜1/4 顆、香菇3朵、南瓜250公克、大蒜3瓣、生薑5公克、洋蔥1/2顆、白胡椒粉適量、水3000CC、海鹽1/2大匙、二砂1/2茶匙、食用油1大匙

作法

1. 蝦子去頭去殼，留下蝦肉，從蝦背處畫刀去除腸泥；中卷去除內臟、外膜、眼嘴後切花；鮮魚切片；牡蠣事先以一片生薑汆燙備用。
2. 花椰菜削除表皮纖維，切小朵，加1/4茶匙鹽，燙熟並撈出備用。芹菜切段；高麗菜切片；香菇切薄片；南瓜切塊；洋蔥切絲。
3. 大蒜去皮拍碎切細末；生薑拍碎。
4. 鍋子入油加熱，炒香蒜末、蝦殼蝦頭。
5. 另取鍋加水煮至滾，放進已炒香的蒜末、蝦殼蝦頭、生薑、海鹽拌勻，轉小火慢慢熬煮高湯至少一小時，邊熬湯邊撈出浮沫，使湯頭清爽不油膩。
6. 待高湯煮好後，先放進南瓜，繼續以小火煮至南瓜變軟，轉中火，放進麵疙瘩，煮約5分鐘，再入高麗菜、香菇、蝦子、中卷、魚片煮至半熟時，加入芹菜、牡蠣續煮片刻再關火，取出盛碗，加上幾朵花椰菜即可食用。

料理重點

1. 新鮮去殼牡蠣，不必清洗，直接以滾水加上一片生薑汆燙即可。
2. 此食譜分量為 3-4 人份。

07

花生

澎湖花生產期從四月起，不過有時農民較晚種植，直到五、六月才能採收。主要產區在湖西、白沙、西嶼、七美等地，但產量不多，因此一般澎湖傳統市場、店家販售的花生，多從臺灣引進，非採用本地澎湖花生。由於量少，若想品嘗「土生土長」的澎湖花生，通常需要事先訂購。

花生別名落花生，閩南語稱土豆，口感香酥、潤滑濃郁。記得小時候，我很愛吃花生，無論水煮、鹽炒或做成印尼、星馬人常吃的花生麵粉蛋（Kacang Atom），即將花生裹上由麵粉、蒜頭、紅蔥頭、辣椒粉、雞蛋調製的麵糊再油炸。

和臺灣花生的碩大飽滿不同，澎湖花生較小顆，花生膜以白色為主，口感綿密香甜。雖然澎湖花生產量不多，不過澎湖出產的花生酥相當知名，成為遊澎湖必買的伴手禮。澎湖花生酥以花生粉、加上糖、麥芽糖、少許鹽調製而成，有些店家則會再加上奶油，使花生酥更香濃潤滑。

澎湖花生酥和我小時候在印尼經常吃到的花生酥口感相仿，印尼文稱teng-teng kacang、ting ting kacang，或稱作enteng-enteng kacang，兩者無論風味、外觀幾無差異。但在印尼除有長條狀花生酥，尚有三角狀。

澎湖人大多喜歡吃蒸煮或水煮花生。此外，澎湖人也會利用海沙炒花生，作法有兩種：一種直接將花生帶殼炒，另一種則是剝殼後再炒。早年澎湖人還會利用花生炒紅蘿蔔苗、高麗菜等。

兒時，我常吃的印尼花生酥是「廟宇牌Cap Klenteng」，包裝上有紅色廟宇圖案，以及用印尼文寫的紅色品名，在白底上對比呈現，和現今澎湖的花生酥包裝袋雷同。

據說一九二〇年始，一位從福建移民至印尼的華人Khoe Tjong Hok開始製作花生酥，並在中爪哇華人經常拜拜的寺廟販賣給信徒，經後代子孫發揚光大，如今已被政府指定為沙拉迪加市（Kota Salatiga）的特產。

花生酥濃郁香甜，幾乎人人喜愛。我有位大學同學，男友是義大利人，有回兩人到我家中拜訪，品嘗澎湖花生酥，一吃就愛上，還念念不忘，特別交代我的同學要買澎湖花生酥帶回義大利。她的男朋友回義大利後，請親友吃澎湖花生酥，都非常喜愛，有些人認為口感猶如土耳其糖。

大駝石鱉花生湯。大駝石鱉學名：*Liolophura japonica*，俗稱「駝背仔」，澎湖人以臺語稱「九層仔」、「巧姑呀」，是澎湖古早味。臺灣有人稱此為「海盔甲」，口感Q彈，類似螺肉、鮑魚。因為大駝石鱉的殼板不好處理，市場已極少見，有些澎湖古早味餐廳仍有這道料理。

在印尼，人們同樣愛吃花生。印尼有句名言「laris manis seperti jual kacang」，意思是「生意好到像賣花生」，可見花生的美味，人人難以抗拒。不少印尼、星馬、泰國名菜都採用花生醬為佐料，例如沙嗲醬、印尼加多加多蔬菜沙拉醬、燒賣醬、春捲醬，少了花生醬，風味就大打折扣。

還有臺灣人熟悉的泰式涼拌木瓜、椒麻雞、泰式涼拌河粉、泰式炒河粉等，同樣少不了花生碎末，否則就是少一味。

有些人不敢吃花生，認為吃花生容易上火。但花生營養豐富，蛋白質含量高，有多種胺基酸、維生素，有利人體健康。研究顯示，花生中所含的維生素E和鋅可增強記憶，另因富含蛋白質，有「植物肉」之稱，素食者吃花生可補充蛋白質。

適量食用花生益處多，若怕太燥熱，可將花生水煮後再吃。

食記好吃好玩

來到澎湖想吃別緻餐點，我認為「澄澄全日餐廳」是首選，除了菜色精緻外，價目清楚、服務佳，以及整體環境乾淨都是加分。

「澄澄全日餐廳」主要提供潮粵料理、港式飲茶、海鮮，以及澎湖特色菜如酥炸花枝丸、紫菜冬粉、金瓜炒米粉、海膽炒飯等。其中一道裹花生粉和椰絲或芝麻及黑糖的潮州鴨母捻，特別令我印象深刻，勾起了想自己做的興趣。

另外，澎湖尚有一種老少咸宜的伴手禮——花生酥。我吃過幾家花生酥，最對味的是「華馨」，其使用的花生原料很純，花生味濃郁，炒花生火候掌握得宜，逼出油香，但無焦味，甜味適中，濃而不膩。

潮州鴨母捻／澄澄全日餐廳

花生酥／華馨

南洋風味潮州鴨母捻

潮州鴨母捻，顧名思義源自廣東潮汕地區的小吃，口感像麻糬又像湯圓，有包餡，如芝麻、芋頭、紅豆、綠豆等。我非常愛鴨母捻，經常想吃。不過，我做的鴨母捻融合南洋味，將糯米加上椰漿、牛奶取代開水，並且加上少許食用油，做出來的鴨母捻，口感綿密潤滑、Q彈，又有椰奶芋頭香氣！

潮州鴨母捻通常和白木耳、枸杞、紅棗、薏仁搭配，做甜湯吃，但我愛吃的版本屬於乾式，看起來與麻糬相似。鴨母捻外觀並非圓形，而是接近橢圓形，包法也顯得更隨意，大小不必一致，因為鴨子本身有分大小，有鴨媽媽、鴨爸爸、鴨寶寶等，所以鴨母捻，大小有異才好！

材料

Ⓐ糯米粉 200公克、在來米粉 40公克、椰漿 4大匙、牛奶130cc、食用油1大匙、芋頭泥 適量、斑蘭葉2片

Ⓑ花生粉適量、椰絲少許、椰糖適量

作法

1. 材料Ⓐ糯米粉、在來米粉放入碗中，加入椰漿、牛奶、食用油拌勻成團備用。
2. 材料Ⓑ所有食材放進盤子，或碗裡攪拌均勻，做裹粉用。
3. 取適當分量搓圓壓扁，舀入芋頭泥，收口包起來搓成橢圓形。
4. 準備鍋子倒進水、斑蘭葉煮開，放入已搓好的鴨母捻煮至浮於水面，再續煮約一分鐘撈起，裹上材料Ⓑ，擺盤上桌。

料理重點

芋頭泥做法：芋頭去皮洗淨，切薄片蒸熟，再加少些許水或牛奶、椰奶、椰糖，以果汁機，或食物調理機打成泥即可。

08

楊梅（南美香瓜梨）

移居澎湖後，一、二月起，我陸續在水果攤見到楊梅，乍看如同我兒時在印尼見過的茄子，原本打算買回家煮，結果發現是楊梅。查閱資料得知，楊梅的確是茄科茄屬，不過口感、風味如香瓜，帶有哈密瓜香氣，尾韻像小黃瓜。

某次讀介紹澎湖的書籍，內容提到澎湖特產之一為「楊梅」，由於書中無圖畫，誤以為澎湖楊梅如我在新北市住家社區種植的楊梅相同，果實為紅色，味道酸酸甜甜，每年四、五月左右結果實。

結果發現，「此楊梅，非彼楊梅」，不但外觀完全不同，口感也差很多。澎湖人所說的楊梅，是指南美香瓜梨、南美香瓜茄，南投清境農場稱「香瓜李」、桃園拉拉山稱「人參果」。楊梅原產於南美洲安地斯山脈周邊國家，臺灣約三十多年前，從中國大陸雲南省引進，試種於清境農場，後引入澎湖。目前產量和種植面積，澎湖是全國冠軍。

楊梅果皮細滑薄嫩，大小如拳頭大，成熟果實為淡黃色，有紫色不規則線條，半公斤重的果實被視為上品，最重可達一公斤。

楊梅還可煮湯、涼拌、清炒，或觀賞、藥用。研究指出，楊梅利尿、解毒、降血壓、減緩糖尿病。許多糖尿病患者，避免食用高糖分水果，因此選擇以楊梅補充營養。

品嘗楊梅前要剝皮，猶如吃枇杷，中間無核，果肉厚、汁多，有哈密瓜、香瓜香氣，口感微甜，無酸味卻生津止渴。第一次吃，我不覺得味道驚艷，卻不膩，微微甜味，讓人想一吃再吃。

有一說，楊梅是澎湖白沙農民鄭天賜從臺灣引進，經多年摸索，找到最佳的種植方法，加上澎湖氣候、土壤條件適合，澎湖楊梅知名度因此遠超過臺灣楊梅，許多農民稱楊梅為「天賜梨」。不少澎湖人認為，澎湖楊梅風味勝過臺灣。據說，當年澎湖楊梅一斤賣到二百五十元，幫農民賺了不少錢。

楊梅可用「扦插法」繁殖，無須種子，農民可省掉購買種子的成本，因而受到澎湖農民喜愛，種植面積不斷增加，所以現在楊梅價格不若以往貴。楊梅越大價格愈高，五顆一臺斤大小中等的楊梅，售價約八十元。

09

澎湖巨無霸高麗菜

這輩子我見過最大的高麗菜就在澎湖！幾乎像雙胞胎孕婦的肚子一樣大。北辰市場販售的澎湖烏崁高麗菜一顆約五百元，每年價格又依產量多寡而有波動。消費者可視需要向菜販購買二分之一顆或四分之一顆等。

澎湖巨無霸高麗菜產自馬公市烏崁里。烏崁位於機場附近，若從機場進馬公市區，必會經過烏崁，社區入口有座高麗菜公園，公園有龐大的高麗菜地景藝術，現在已是拍照打卡景點。

澎湖高麗菜以烏崁出產的最為碩大，平均達五公斤，最重可至二十公斤以上。烏崁靠近海邊，土壤鹹度高，促使高麗菜細胞分泌更多醣分，以平衡滲透壓。此外，烏崁用以灌溉的井水有「鹽化」現象，水質屬於硬水，富含礦物質，高麗菜纖維特別甘脆。再者，烏崁高麗菜有別其他地區，種植時間長達四個月以上，因此又大又鮮甜。

烏崁高麗菜農民通常農曆五月起育苗，農曆十一月開始採收。採收時，會留下根莖，待開花後，明年再當作育苗種植。據說，有人將烏崁高麗菜苗拿到臺灣本島試種，但種不出和烏崁一樣大的高麗菜。

澎湖高麗菜口感脆甜中帶有厚實感，適合煮湯、煮火鍋、醃漬成泡菜，將魚漿、肉漿、蝦漿或花枝漿裹高麗菜，做成高麗菜捲，或與香菇、櫻花蝦清炒，均可口鮮甜。

近年，隨澎湖人口老化，從事農業者多以老農為主，為永續推動高麗菜種植，以及展現地方特色，「烏崁社區發展協會」每年舉辦「澎湖高麗菜王」競賽。截至二〇二一年，已舉辦五屆，其中二〇二〇、二〇二一年的高麗菜王，為高齡八十四歲的菜農葉春伸奶奶。

碩大的澎湖高麗菜，宛如孕婦懷胎七、八月的肚子，既大又圓。圖片中，左邊是澎湖烏崁高麗菜，右邊則為臺灣梨山高麗菜。烏崁之外，澎湖其他地區產的高麗菜也比較小顆，大小如臺灣人常見的花椰菜，與烏崁高麗菜相較，顯得迷你可愛！

大個頭高麗菜

食記好吃好玩

製作高麗菜酸第一步：自然曬

市售高麗菜酸

石斑魚煮高麗菜酸／吳家小館

高麗菜酸炒豬肉片

高麗菜酸煮魚

10

番薯

《澎湖縣志》描述澎湖人：「夏用黃黍煮粥，或以高粱舂碎，雜薯片煮食」，又寫道：「秋後皆食地瓜，冬春食乾地瓜，即薯片薯絲也」，可見澎湖人早年，從入秋採收番薯後，到隔年春天都食用地瓜為主食。喜喝酒的澎湖人，早年以番薯釀酒，名為「地瓜燒」。

番薯又稱地瓜，我對番薯的記憶是從小時候愛吃的番薯球開始。我在印尼的舅媽經常將番薯水煮或蒸煮，剝皮後壓成泥，加麵粉、太白粉做成番薯團，隨手取一小搓，中間壓下小洞口，放入椰糖塊後收口包住，以雙手搓成圓型，最後入鍋油炸到外皮呈金黃色。

每次炸番薯球一上桌，我和一群小朋友圍繞桌邊準備搶食，搶到後咬一口，外皮香酥濃郁，內軟綿密Q彈，又有椰糖的爆漿在舌尖舞動，感覺幸福、甜蜜！

除做番薯球，印尼人還常煮地瓜甜湯，通常加上芭蕉、椰奶、斑蘭葉變成「芭蕉番薯甜湯」，如果加上生薑和椰糖水煮，就是「番薯甜湯」。另外，又常將水煮番薯壓成泥，煎成可口的番薯餅。

小時候在印尼，家人多將地瓜當午後點心，我從來不知原來地瓜可當主食，直到移居臺灣。

到臺灣後，聽聞早年臺灣物資缺乏，百姓常以番薯粥果腹。還聽說，現在有些老人家看到番薯粥會淚流滿面，勾起早年困苦歲月的回憶。我公公還在世時，最討厭吃番薯，我從沒想到小時候代表幸福的番薯，在臺灣竟象徵苦日子！

在印尼，我不曾聽過老一輩的人吃番薯粥過生活，無論印尼華人或本地人皆無吃番薯粥習慣，印尼吃的粥屬於廣東煲粥，將白米與高湯熬煮熟透成綿，摻海鮮或雞肉絲，配冬菜、蔥、油條，通常當早餐、小吃、消夜，除非生病，不然中午、晚餐鮮少吃粥。

來到臺灣後，記憶中第一次吃番薯粥，是在板橋華僑中學。當時住校，早上餐廳會準備地瓜粥，一開始吃不太習慣，番薯粥甜甜的，吃的時候搭配鹹食小菜，又甜又鹹，不太對勁。

但後來漸漸發現甜甜的番薯配上白米，米粥不單單有米香，還多了番薯的香甜，再搭配小菜，感覺溫暖又飽，尤其冬天，天氣冷，吃碗番薯粥，多麼幸福！

直到現在，我偶而還是要吃番薯粥，有時到臺北復興南路吃清粥小菜，有時則在家裡煮，如果有陣子沒吃番薯粥，還會想念呢！搬到澎湖後，尤其在寒冷的冬天，特別想吃可暖胃的食物，除了火鍋、雞湯，非番薯粥莫屬。

煮番薯粥，可配生番薯或番薯簽。不過，我是來澎湖後才生平首次看到番薯簽，北辰市場有雜貨店賣夾鏈袋裝的番薯簽，有些在路邊擺攤的阿婆、阿伯也有賣自己曬的番薯簽。

有次我到北辰市場看到一位阿婆賣番薯籤，阿婆說：「這一大袋全賣妳，算便宜。」但我看實在太大包，怕吃不完或家人吃不慣，因此說家裡人不多，只想買一點，阿婆同意我的要求，拿起小塑膠袋裝後秤重，賣我五十元。

五十元的番薯籤，仍然非常大包，回家一量足足有二百五十公克。那天中午我煮番薯籤飯，配上自己炒的干貝XO醬，非常美味！番薯籤味道不若生地瓜甜，屬於微甜、扎實的口感。

圖片為北辰市場販售的番薯籤。番薯原產於美洲大陸，十六世紀中葉後從菲律賓呂宋島傳入中國大陸，輾轉移入澎湖。番薯適合在土壤不肥沃的澎湖生長，番薯籤飯、番薯粥因而成了澎湖人的古早味。冬季時，北辰市場較能見到澎湖本地番薯。有位賣番薯的越南新住民告訴我，長在沙土裡的澎湖番薯特別好吃，雖然體型小，但是很甜、很綿密。

芭蕉番薯甜湯

芭蕉有許多種類，但能與番薯煮成甜湯的芭蕉，果肉必須結實、耐煮，且不能太熟。過熟的芭蕉，煮湯後會太軟，影響口感。

材料

地瓜2-3條、芭蕉8根、水1250cc、椰糖100公克、椰漿300cc、斑蘭葉4片、海鹽1/4茶匙

作法

1. 地瓜洗淨削皮，切成塊狀，芭蕉去皮，斑蘭葉撕開後對折備用。
2. 鍋子加水及斑蘭葉煮開，放入地瓜、椰糖，海鹽及椰漿拌勻，待地瓜煮至半熟，放進芭蕉煮約10分鐘，熄火。待涼，冰涼吃。

料理重點

芭蕉番薯甜湯，也適合溫熱吃。

椰糖地瓜球

椰糖地瓜球是我兒時愛吃的點心，午睡醒來看到桌上有地瓜球，感到十分開心，咬一口，剎那間爆漿，更是驚喜，椰糖甜甜的滋味，加上地瓜綿密香甜，百吃不厭。現在我偶爾做給女兒、先生吃。愛說話的女兒，每當吃椰糖地瓜球，安靜地專心品嘗，心中僅有地瓜球。

材料

地瓜240公克、奶粉 1大匙、起司粉1/2茶匙、麵粉3大匙、太白粉1大匙、二砂1/2茶匙、鹽少許、椰糖適量、食用油適量

作法

1. 地瓜洗淨、削皮切塊，以電鍋蒸熟。
2. 取出地瓜放涼，用湯勺打碎成泥，除椰糖、食用油外，加入所有食材，拌勻成團。
3. 取適當分量搓圓，中間以手指頭按壓出凹洞，舀入約1/4茶匙椰糖，收口包起來搓成圓形。
4. 鍋子入食用油加熱，放進椰糖地瓜球，炸到金黃色即可撈出。

料理重點

尚可以糯米粉加上奶粉製作，變換口感。

11

番茄

在澎湖冬季是番茄的季節，本地以黑蓋番茄為主，墨綠橘黃色帶點紅皮。澎湖的菜販說，煮番茄炒蛋用黑蓋番茄口感比牛番茄佳，黑蓋番茄脆甜帶酸，還適合煮番茄蛋花湯。

與其他品種相比，黑蓋番茄更能適應澎湖的生長環境和氣候，能抗病毒和蟲害，不用特別費心照料，就能生長良好。和其他蔬果相同，澎湖黑蓋番茄，個頭較小，產季時市場裡經常可見。

在印尼，番茄則多當蔬菜，用來煮酸辣湯、切片蘸參巴醬吃，或當醬料的食材。記憶中，印尼番茄無論大或小，酸味都比較鮮明，比起當水果吃，更適合當蔬菜烹調，因此小時候我對番茄的印象停留在「蔬菜」，直到來臺灣後，有機會品嘗其他品種的番茄，才知道番茄也是「水果」。

我和女兒特別愛吃番茄炒蛋，還喜歡吃冰鎮梅子番茄，作法是將聖女小番茄汆燙去皮後，泡梅子水冰鎮，爽口又開胃，作法雖簡單，但耗工，需要手工一個個將番茄去皮。

另外，我還喜歡以番茄做蝦醬參巴醬，濃濃南洋印尼風味的辣椒醬，口感香辣微甜，蘸烤魚、配炸物、配生菜、配白飯，開胃好下飯。

除黑蓋番茄，澎湖有些農民種植桃太郎番茄，頭尖尖的，色澤紅潤又甜。澎湖尚有玉女、聖女小番茄，味道一樣甜，直接當水果吃最好。因為澎湖冬季寒冷，風又大，番茄大多種在溫室，不灑農藥，摘下就可直接吃。

黑蓋番茄參巴醬

參巴醬（sambal）是印尼、星馬人最愛的醬料，種類多樣。大部分的參巴醬從辣椒調製，亦有以花生製作。參巴醬滋味辛香，集酸甜鹹辣鮮酥香，可說是味覺饗宴的最高境界！我往往只要有一碟參巴醬，就能吃一碗飯！
澎湖黑蓋番茄口感天然酸甜，皮也薄，是製作參巴醬最理想的番茄品種。

材料

朝天椒12根、黑蓋番茄1顆（34公克）、椰糖2茶匙、蝦醬8公克、鹽1/4茶匙、食用油1大匙

作法

1. 朝天椒、黑蓋番茄洗淨後去蒂切成小塊備用。
2. 鍋子入油加熱，放進辣椒、番茄塊及蝦醬翻炒。因為有蝦醬，炒的時候火候要控制好，採用中小火為佳，否則蝦醬炒焦會發苦。
3. 炒好後放進石臼，加上椰糖、鹽一起磨碎即可。

料理重點

1. 如無石臼，可改用果汁機或研磨器，但口感不如用石臼好吃。
2. 朝天椒可改用大紅辣椒，但大紅辣椒香氣不如朝天椒佳，擔心過辣者，可去除辣椒胎座及籽，以減少辣度。

雲泰風味涼拌雞肉粄條

這道料理是夏天的救星，不僅不必煮到滿身汗，還不油膩，清爽、簡單又快速，酸酸辣辣，讓人充滿精神！

材料

Ⓐ粄條250公克、青木瓜55公克、小黃瓜50公克、牛番茄 1顆、雞胸肉100公克、紅蘿蔔35公克、紫洋蔥50公克、朝天椒1-2根、大蒜5瓣、已炒過的花生適量

Ⓑ魚露3大匙、開水4.5大匙、檸檬汁2茶匙、白醋1大匙、椰糖6茶匙、二砂3茶匙

作法

1. 粄條切適當大小，汆燙；雞肉水煮後放涼，待涼剝絲備用。
2. 除花生，其他食材洗淨，青木瓜、小黃瓜、紅蘿蔔刨絲或切細，洋蔥切絲，番茄切瓣，辣椒、大蒜切細末，花生磨碎備用。
3. 材料Ⓑ所有食材放入碗中拌均即可。
4. 粄條置碗中或盤子，加上雞胸肉絲、青木瓜絲、小黃瓜絲、紅蘿蔔絲、洋蔥、番茄、蒜末、辣椒，再淋上材料二醬料，並灑上花生即可享用。

料理重點

1. 切絲或刨絲的蔬菜可泡冰水，口感更爽口。
2. 尚可撒上蒜頭酥，滋味更酥香。

12

茼蒿

茼蒿是澎湖冬季常見蔬菜之一，外觀如同臺灣人常見的「山茼蒿」，不過個頭比臺灣茼蒿短小，高度約十二公分，口感嫩脆，味道清香，無論煮火鍋，或加上菇類清炒，均能引發食欲。

初見澎湖茼蒿，我以為是臺灣山茼蒿，只是澎湖人僅取頂部嫩葉，其他切斷丟棄，因此某次吃火鍋時，我先生點澎湖茼蒿，一上桌，我問先生：「確定店員送的是澎湖茼蒿嗎？」我先生回說：「對，這就是澎湖茼蒿！」我看了看後又問：「這是臺灣山茼蒿吧？」

剛開始，我不太能區分澎湖茼蒿與臺灣茼蒿的差異，逛了幾次菜市場，才確定澎湖確實有產茼蒿，並理解如何分辨。澎湖茼蒿產季為冬季，不只大型菜販會賣，許多阿婆、阿伯小農還會坐在路邊，販售自家種植的澎湖茼蒿。

有次，逛菜市場時，見到一位阿婆和她的孫女販賣茼蒿，我走過去詢問：「請問是澎湖茼蒿嗎？」孫女回說：「對，這種茼蒿只有澎湖有。」我說：「臺灣也有，叫山茼蒿。」孫女轉頭問阿婆：「阿嬤，臺灣也有這種茼蒿嗎？」阿嬤搖搖頭表示沒有，見祖孫兩人如此篤定回應，我開始懷疑，難道在臺灣看的山茼蒿，是記錯嗎？

圖為臺灣種的大葉茼蒿。其實在臺灣，山茼蒿（裂葉茼蒿）也不常見，火鍋店、菜市場以供應大葉茼蒿為主，但在澎湖恰好相反，多為山茼蒿。冬天時，澎湖農民除種植高麗菜，部分田地，規劃種植茼蒿。

大部分澎湖人吃茼蒿的方式和臺灣相同，煮火鍋、搭配鹹湯圓，或配狗母魚丸、貢丸煮湯等。我自己則喜歡配火鍋或加上菇類清炒。

茼蒿別名為皇帝菜、春菊、菊菜、打某菜，稱之為春菊或菊菜，因為茼蒿開黃白色花朵，花型如菊花類。在原家鄉—地中海，茼蒿當觀賞用。至於「打某菜」的由來，據說因為茼蒿富含水分，水煮、熱炒後分量減少，過去男尊女卑，丈夫誤以為菜被太太偷吃，因而對太太家暴。

或許傳說是真的，因為我曾經炒了一大鍋的茼蒿，結果炒好後僅剩一小盤。我先生質問我，為何炒那麼少，根本不夠吃？雖然我先生不敢對我動手腳，但煮茼蒿需要拿捏分量，以免煮過少。

13

冰花

市場上販售的冰花，多以塑膠盒包裝，一盒售價約二百五十元。澎湖農民在秋後種植，十二月開始採收直到隔年四月。春天過後，冰花越來越少見，農田裡的冰花開始長出白色小花，結種子，農民便會採收作為種苗，有些種子掉進土壤後會自行萌芽。為避免風害，澎湖冰花大多採用溫室種植。

冰花，別名為水晶冰菜、冰菜，富含水分、礦物質、肌醇，有利人體健康。因葉子有數顆水珠狀、宛若冰霜的「水囊泡」而得名，原產於非洲，臺灣則從日本引進。

據說，剛開始引進臺灣時，冰花多種植在蔬菜保溫箱內，每臺斤售價為一萬二千元，成為「貴族蔬菜」。其實冰花，一點都不嬌貴，對土壤要求不高，既不需要肥沃土地，也不需要特別照料，都能長得很好！

因為澎湖土壤鹽分高，符合冰花的生長環境，種出來的冰花又脆又甜，公認好品質。近幾年，澎湖不少農民種植冰花，冰花產量大增，每臺斤從一萬二千元降到三百元，價格變得平易近人，人人吃得起冰花。

在地農民說，初期生長，冰花會長出八片大葉子，以及八根分葉，經過採收後，冰花會不斷分葉，必須定時採收，以免老掉、纖維化不好吃。

冰花的「水囊泡」含鹽分，咬一口會噴出微鹹的水汁，口感甘脆有肉質感，嘗起來猶如蘸鹽的蓮霧。吃法，可生吃，或與蘋果鮮奶打成果汁、清炒等。不過澎湖農民說，清炒時，必須搭配蒜頭，不宜以生薑炒，否則會產生魚腥味，不好吃！清炒時，類似炒茼蒿，快速拌炒即可。

採收的冰花有兩種，初期為大葉片，生食時可包肉片，如羊肉、牛肉、雞肉、壽司等。大葉片採畢，冰花分裂出許多分葉，可與其他蔬菜搭配做成沙拉食用。

冬季時，我經常收到友人送的冰花，比起清炒，我更喜歡生吃冰花，不需特別料理調味就很可口。冰花耐放，置冰箱可冷藏兩周。

澎湖土壤鹽分高，符合冰花的生長環境，種出來的冰花又脆又甜，公認好品質。

泰式風味冰花沙拉

生平第一次吃冰花，就在澎湖。口感脆脆爽口，如水果又像蔬菜。有次我索性將冰花搭配鳳梨、堅果、蔓越莓乾，總之冰箱裡有什麼就加入些，最後淋上魚露醬，想不到非常美味，很合個人胃口，吃起來宛如印尼、星馬人所說的 Rujak 或 Rojak，中文為「羅惹」，一種什錦水果沙拉，或泛指帶有酸辣鹹甜，綜合冰涼的蔬果、炸物等。

材料

Ⓐ冰花70公克、蘋果1/4顆、鳳梨約10片、綜合堅果2-3大匙、蔓越莓乾2大匙

Ⓑ朝天椒1根、大蒜1瓣、魚露2大匙、二砂糖1大匙、椰糖1/2大匙、開水1大匙、萊姆1/3顆

作法

1. 材料Ⓐ冰花、蘋果、鳳梨洗淨。蘋果去皮切丁、鳳梨切小片，泡鹽巴水約10分鐘，瀝乾備用。
2. 材料Ⓑ朝天椒、大蒜切細末放入碗中，加入魚露、二砂糖、椰糖、萊姆汁、開水拌勻至糖完全融化。
3. 將冰花、蘋果、鳳梨放入盤中擺盤，撒蔓越莓、堅果，最後淋上材料Ⓑ醬料，用包鮮膜包好，放進冰箱至少半小時以上，取出冰涼吃。

料理重點

1. 新鮮鳳梨可改用市售罐頭鳳梨，若使用罐頭鳳梨，不必泡鹽巴水。
2. 若擔心太辣，可去除朝天椒胎座；為免影響香氣和整體風味，不建議將朝天椒改用大紅辣椒。
3. 萊姆汁可改用檸檬汁，若檸檬較小顆，可加到 1/2 顆。
4. 尚可加入些蝦子、透抽等。

冰花蘋果鮮奶飲

吃了幾次冰花後，有次發現如配料不對，會誘發冰花的腥味，宛如魚腥氣味，嘗起來特別難受，因此調製冰花飲品時，須慎選可搭配食材，並非每樣都適合。以下配蘋果、鮮奶的冰花飲，不少人愛，我也不例外。

材料

冰花3根、蘋果 1/4 顆、鮮乳 200cc

作法

1. 冰花、蘋果洗淨，蘋果去皮、切小塊。
2. 鮮乳、蘋果、冰花放進果汁機裡，打成汁，倒進杯子，冰涼喝。

14

紅蘿蔔

澎湖或許土壤不肥沃、鹽分含量高，導致胡蘿蔔生長緩慢，且較為瘦長。澎湖胡蘿蔔小歸小，但扎實、綿密、香甜，感覺像番薯。因為體型小，料理時可一次用畢，不佔冰箱空間。

此外，煮咖哩時，不用做造型，澎湖迷你胡蘿蔔天生就很可愛。

澎湖胡蘿蔔和我小時候在印尼常見的胡蘿蔔，個頭大小差不多，通常瘦瘦長長。不過在澎湖還有更小的胡蘿蔔，猶如手指頭般大小，初見時，我覺得好新奇，買回家煮，感覺在玩家家酒，趣味橫生。

除迷你胡蘿蔔，北辰市場偶而可見胡蘿蔔葉苗。有次在市場路邊，看見賣菜阿婆有販售，阿婆說，澎湖人愛吃胡蘿蔔葉苗，可加花生或雞蛋拌炒，是澎湖人的古早味。不過要挑選細嫩的胡蘿蔔葉苗，太粗，不好吃。

胡蘿蔔葉苗外觀如蒔蘿或茴香葉，葉片細細薄薄，有股清香味，與雞蛋拌炒，風味與蒔蘿烘蛋有幾分神似。

咖哩雞

女兒不太吃辣，所以這道咖哩雞特別加上番茄，並採用大紅辣椒，以減少辣度。此外，烹煮那天剛好家裡冰箱僅剩雞胸肉，數量不多，因此煮幾顆水煮蛋一起入咖哩。澎湖鮮少販售新鮮薑黃、辛香料，因此以市售咖哩粉，取代部分香料。

材料

Ⓐ大紅辣椒3根、紅蔥頭10顆、蒜頭4顆、牛番茄1/4顆、石栗2顆、南薑3片

Ⓑ香茅1根、乾檸檬葉6片、印尼月桂葉4片、咖哩粉1茶匙、芫荽粉1茶匙、白胡椒粉1/3茶匙、雞胸肉2塊、雞蛋4顆、馬鈴薯 1顆、澎湖小型紅蘿蔔 10根、椰漿200cc、海鹽1茶匙、椰糖1大匙、水500cc

作法

1. 材料Ⓐ大紅辣椒去籽和胎座切段；牛番茄切塊；紅蔥頭、蒜頭去皮切小塊；石栗切薄片；南薑切絲，全部以果汁機或食物調理機打碎。
2. 香茅拍碎、檸檬葉、印尼月桂葉撕碎；雞胸肉切塊；雞蛋水煮後剝殼；馬鈴薯去皮切適當大小；澎湖紅蘿蔔削皮備用。
3. 鍋子入油加熱，放入香茅、檸檬葉及印尼月桂葉炒香，再倒進已磨碎的材料Ⓐ，以及咖哩粉、芫荽粉、白胡椒粉，以中火繼續炒香，放進雞肉、馬鈴薯及紅蘿蔔拌炒，加水、椰漿、海鹽及椰糖調味，轉大火，待水煮滾，以小火慢慢燉煮，等醬汁略為減少後入雞蛋，繼續煮到雞肉及馬鈴薯、紅蘿蔔軟熟即可關火。

料理重點

1. 水煮雞蛋可改用鵪鶉蛋。
2. 水煮雞蛋可事先油炸到皮酥內嫩，再入咖哩煮。

15

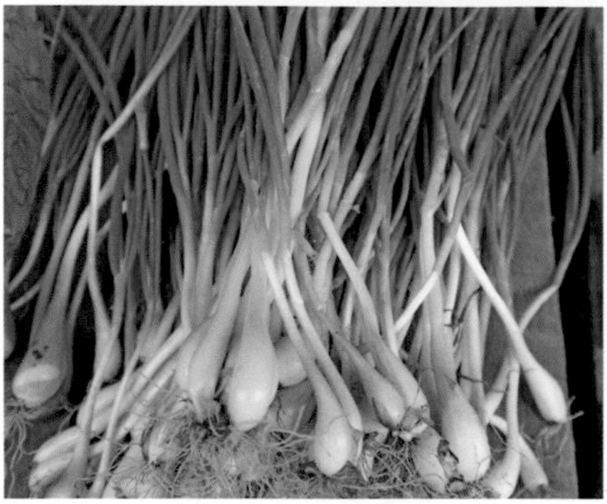

珠蔥

珠蔥就是紅蔥頭長出來的嫩莖。冬季是澎湖珠蔥的季節，除有大型菜販供應外，不少阿婆經常帶著自家種植的珠蔥沿著北辰市場街道販售。珠蔥比常見的大蔥嬌小，植株長二十五至三十公分，味道輕柔、香氣持久，不會太嗆辣、刺鼻。

澎湖土壤含沙、海風中帶著鹽分，如此環境恰好適合珠蔥生長，因此澎湖生產的珠蔥香氣濃郁。大約從十一月，天氣變冷起，到隔年二月是珠蔥產季，進入三月天氣漸熱，珠蔥長不好，雖然市場上尚有零星菜販銷售，但非常瘦小。

用珠蔥做蔥抓餅，特別好吃，煎好的蔥抓餅香氣四溢，口感輕柔微甜，吃不膩。澎湖有些麵包店用珠蔥做「蔥麵包」，知名伴手禮「澎湖鹹餅」，即以珠蔥為原料，別具風味。

珠蔥還可當蔬菜清炒，但我不太習慣直接炒蔥段吃。珠蔥對我而言是辛香料，更適合當佐料，因此，多半切成細末灑在魚湯、雞湯、拌麵吃，或者與蒜頭辣椒末拌炒鮮蝦。

有時煮香辣乾煎龍虎斑，將珠蔥、大蒜、朝天椒切細末後，與米酒、白胡椒粉、鹽巴調味淋在魚肉上，拌飯吃，非常開胃！又常以珠蔥炒櫻花蝦烏魚子炒飯，海味與珠蔥清香，真是對味！

珠蔥容易照料，利用紅蔥頭做種苗，直接插入盆栽，一、兩個月後就會長出嫩莖、綠葉。因為珠蔥有特殊氣味，無須擔心蟲害。不過澎湖冬天風大，種植在靠牆處為佳，可減少風害。三月過後，天氣轉熱，要趁珠蔥尚未乾枯萎縮前，趕緊採收。

移居澎湖後，家中前後有空地，可種植辛香料、花草。我同樣不浪費空間，除種植我愛的雞蛋花、玫瑰花、蝶豆花，以及南洋料理常用辛香料，如香茅、薑黃、沙薑、手指薑、斑蘭葉、蝦夷蔥、芭蕉葉、九層塔、咖哩葉等，還不忘種植珠蔥。

在印尼，自製油蔥酥是必備配料，無論撒在白飯、椰漿飯、薑黃飯，到配湯麵、乾麵、炒麵、炒米粉、炒河粉、炒冬粉、沙嗲料理、蔬菜沙拉等均不能少，能提味、開胃！紅蔥頭去皮油炸待冷卻放入已消毒的空玻璃罐冷藏，放入冰箱可保存約半年。

烏魚子櫻花蝦炒飯

我很愛吃烏魚子及櫻花蝦，日常料理中，櫻花蝦更是不能少，是常備食材。至於烏魚子，全家最愛吃的人，就我一人。

烏魚子配櫻花蝦，料理成炒飯，香氣四溢，非常開胃，加上澎湖珠蔥，味道更是鮮美、香甜！簡單拌炒，美味佳餚很快就上桌，是一道便利又美味的料理。

材料

白飯一碗、珠蔥1-2根、大蒜1-2瓣、洋蔥1/4顆、新鮮香菇1-2朵、雞蛋2顆、櫻花蝦25公克、烏魚子約70公克、米酒 適量、朝天椒1根、食用油適量、鹽適量、醬油1茶匙、魚露5-6 滴、二砂少許

作法

1. 烏魚子以米酒浸泡；大蒜拍碎切細末；珠蔥切蔥花；洋蔥及香菇切丁；朝天椒切輪或斜切備用。
2. 平底鍋加少許油，放入烏魚子，以中火煎到焦黃，再翻面繼續煎，煎的時候要注意，只要外皮焦黃即可，勿熟透，否則太乾，口感不佳。待烏魚子冷卻，切丁備用。
3. 鍋子入油，放入雞蛋打散炒熟，撇到鍋子另一邊，另一邊加櫻花蝦煎至酥後，再爆香蒜末、洋蔥丁、辣椒、部分蔥花及香菇，待香氣四溢，整個拌炒，倒進白飯繼續炒，入鹽、魚露、醬油、二砂拌勻，最後撒剩下的蔥花，關火，盛盤，撒上烏魚子。

料理重點

1. 喜辣者，辣椒可多放 2-3 根。一開始炒，辣椒就要事先拌炒才能炒出香氣，若事後加，僅有辣味，卻無香味，口感大打折扣。
2. 櫻花蝦可在一開始先煎酥，剩油用於炒飯，待飯炒好，再撒櫻花蝦亦可，總之櫻花蝦要煎到酥脆才好。烏魚子則相反，保留濕潤、微微黏牙，最美味！

16

豆薯

豆薯含有豐富的澱粉，據說，早年臺灣物資缺乏，曾以豆薯當過主食。印尼人常將豆薯澱粉加水做成粉漿，敷在臉上或身體肌膚。印尼人認為豆薯清涼、水分多，可美白潤膚，因此印尼有不少從豆薯提煉的美容 SPA 產品、乳霜。

豆薯別名為涼薯、田薯、番葛、沙葛等，原產於美洲大陸，塊根可食，其餘部位不得食用，尤其種子，含有劇毒。

豆薯印尼文是Bengkuang，在印尼或南洋各國，多生食。印尼人喜歡將豆薯切片，與小黃瓜、鳳梨、番橄欖或沙梨、芒果、蓮霧做成水果沙拉，淋上由花生、椰糖、少許蝦醬、辣椒、鹽、羅望子汁做的醬料吃。此吃法源自爪哇，印尼人稱Rujak，星馬地區則稱Rojak，中文翻譯成「囉雜或羅惹」。

豆薯生吃之外，我喜歡煮湯，以豆薯為原料加上蝦頭、蝦肉末，以及磨好的紅蔥頭及蒜頭熬湯，做成巨港（Palembang）美食─鮮蝦豆薯湯，品嘗時，可配魚漿羹、魚肉餛飩、魚漿豆腐丸等，湯頭鮮甜清爽，百吃不厭，老少咸宜！

臺灣北部人鮮少知道豆薯，我身邊的臺北朋友大多不知豆薯為何物。我在臺北的小吃店、快炒店、餐廳，不曾見過豆薯料理，傳統市場也很少販售豆薯。

本以為是越南新住民將豆薯引進澎湖，結果有天菜販告訴我，豆薯是澎湖人愛吃的食材，刨絲搭配肉絲、雞蛋、芹菜炒一炒，或切塊與排骨熬湯都是澎湖人的古早味。菜販以為我不知豆薯，特地向我解釋：「豆薯口感像水梨，很好吃，甜甜多汁。」

移居澎湖後，發現市場有賣豆薯，非常興奮。一開始，我以為北辰市場偶爾才有賣豆薯，因此一口氣買了三顆大豆薯，準備慢慢吃。不過很快發現，北辰市場春夏秋冬，天天有豆薯，且不只一家在賣，而是走沒幾步就看到豆薯。

我問菜販，澎湖的豆薯產地在哪裡？菜販說，來自高雄。澎湖不產豆薯，不只澎湖人愛吃豆薯，南部人也愛，尤其高雄人特別愛。

澎湖人對豆薯的喜愛，除炒、熬湯，還將豆薯結合魚漿做成「月亮蝦餅」。此外，有回我到海鮮餐廳，還吃到以豆薯、芹菜、蝦子切細末加以拌炒，加上碎油條，再以美生菜包裹，口感脆酥的蝦鬆。

澎湖海鮮餐廳供應的生菜蝦鬆，以豆薯取代荸薺。豆薯、芹菜、蝦子切細末加以拌炒，加上碎油條，再以美生菜包裹食用。

鮮蝦豆薯湯配魚漿豆腐丸

魚漿豆腐丸，印尼文為「Model Tahu」，若直譯成中文變成「模特兒豆腐」，其實跟「模特兒」一點關係都沒有！這道料理可說是從福州魚丸演變而來的巨港華人美食。外觀比福州魚丸大顆，大小猶如臺灣人熟悉的淡水阿給。

料理重點

1. 淡水長臂大蝦（俗稱泰國蝦），可改用草蝦等。
2. 朝天椒可改用大紅辣椒。
3. 油炸時請使用中小火，炸物可呈金黃色，同時避免因一時高溫，炸物快速加熱膨脹，冷卻出現皺褶或凹陷，影響外觀和口感。

材料

A 土魠魚漿500公克、全蛋1 顆、蛋黃2顆、太白粉400公克、低筋麵粉50公克、大塊油豆腐8塊、食用油1大匙、鹽2.5茶匙、二砂2茶匙、冰水約200cc、食用油 適量（油炸用）

B 淡水長臂大蝦（大）15隻、豆薯1顆、木耳3-4朵、金針菇1包、紅蔥頭100公克、大蒜30公克、白胡椒粉1/3茶匙、海鹽1/2大匙、二砂適量、水約3200cc、食用油適量

C 油蔥酥適量、芹菜2根、珠蔥或青蔥2根、朝天椒15根、鹽適量

作法

A

1. 土魠魚漿加冰水、海鹽、二砂、雞蛋、蛋黃及食用油拌勻、摔打到整個魚漿變濃稠。
2. 少量多次加入太白粉及低筋麵粉拌勻成團。
3. 取適量魚漿，包入油豆腐一塊，再捏成圓球狀或三角狀均可。
4. 鍋子倒入適量食用油加熱，以中小火油炸到表皮金黃，撈出關火。

B

1. 蝦子去頭去殼，蝦肉剁碎備用。
2. 鍋子加水煮至滾開，倒入蝦殼蝦頭、海鹽拌勻，轉小火熬煮蝦高湯至少1.5小時，撈出蝦頭蝦殼。
3. 豆薯、木耳切絲；金針菇切成兩段；紅蔥頭、大蒜去皮切細末。
4. 鍋子倒入食用油加熱，以中火炒香紅蔥頭、大蒜末，再加入已剁碎的蝦肉，繼續拌炒到蝦肉變紅，取出放入蝦高湯中，持續以小火熬煮約1.5小時，邊熬湯邊撈出浮沫，使湯頭更爽口，不油膩。
5. 放進豆薯絲，煮約15分鐘，接著放入木耳絲、金針菇拌勻，撒白胡椒粉、二砂調味，續煮15分鐘，若高湯略減少，可再適量加水續煮，嚐嚐味道，確認可以，熄火。

C

1. 芹菜、珠蔥切細末。
2. 朝天椒加上適量鹽打成醬備用。

品嘗時，取一顆魚漿豆腐丸放入碗中，剪成塊狀，淋上高湯，加上珠蔥、芹菜末、油蔥酥、辣椒醬、白醋及1茶匙醬油即可。

菜粿（菜粄）

菜粿、菜粄，印尼文 Chaikue、Choipan，屬於西加里曼丹華人美食，當地華人以潮州人和客家人為主。從米製作的糕點、點心，或以米為原料的加工品，潮州人和閩南人稱作「粿」，而客家人則稱「粄」。

傳統上客家菜粄或粿類美食，多採用糯米，但在印尼菜粄、菜粿以在來米，或澄粉加太白粉為原料，在來米比糯米好消化，適合當點心吃。

材料

麵皮材料：在來米250公克、太白粉150公克、水400cc、食用油3大匙、鹽1/2茶匙

餡料材料：豆薯1顆、蝦米35公克、蒜頭5瓣、糖1/4茶匙、鹽1/2茶匙、白胡椒粉適量

蒜油材料：大蒜10顆、食用油50cc

醬料材料：朝天椒15個、大蒜8顆、鹽1/2茶匙、糖3大匙、萊姆1顆、水500cc

作法

1. 先製作蒜油，洗淨的大蒜切細末，以中小火炸到金黃酥脆，取出放涼。蒜油倒入小碗中放涼備用。
2. 接著炒餡料，豆薯去皮切絲或刨絲；蝦米泡熱水後再剁細；蒜頭切細末。
3. 鍋子入油，爆香蒜頭、蝦米，倒進豆薯絲拌炒，放鹽、糖、白胡椒粉炒到豆薯變軟熟，取出盛盤。
4. 接著製作醬料，朝天椒去蒂，大蒜去皮，以食物調理機，或果汁機加少許水打碎成醬。鍋子倒入水煮開，放進辣椒醬，加糖、鹽拌勻，最後入萊姆汁續煮倒醬汁略為濃稠，即可關火。
5. 另取鍋放入在來米加水、食用油拌勻，以小火煮成麵團，取出加上太白粉揉成團後，搓成長條狀，均分成小麵團，每個重量約20公克，再搓成圓球狀，以麵桿壓平成直徑約10公分的麵皮（如水餃皮的厚薄度），舀入一大匙餡料，收口捏緊，放進鋪上芭蕉葉的蒸籠裡，蒸約10分鐘，蒸熟後一一塗上蒜油，撒上蒜頭酥。搭配酸甜辣醬吃，開胃涮嘴。

料理重點

1. 菜粿餡料除用豆薯，尚可改成芋頭、韭菜、竹筍、青木瓜等。
2. 麵團材料，可將在來米改成澄粉（無筋麵粉）。
3. 因為麵團容易變乾，取出小麵團後，剩餘部分以濕布或保鮮膜蓋住保濕。

3-2／珍貴的肉

澎湖四周皆海，海產豐富多樣，但陸地資源不如海裡多元，土壤貧瘠，植物不易生長，難以發展大型畜牧業，早年澎湖人僅在過年過節才會食用豬、雞等肉類，肉類無比珍貴。

澎湖常民百姓平日飲食，普遍食用海鮮。長期下來，奠定澎湖人的飲食文化，喜食海產，即使到近代飲食相對多元，仍以海鮮為主。

在澎湖，無論一般家庭料理或餐廳菜單，海鮮比例遠比肉類多。如果參加婚宴，一桌十二道菜，約九至十道是海鮮料理，少有臺灣喜宴料理常出現的豬腳、烤雞、烤鴨。

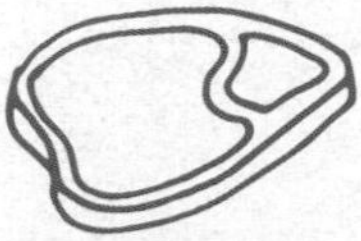

幾道澎湖知名美食，如金瓜炒米粉、海菜炒冬粉、菜鹼、石鮔滷肉等，雖有加上豬肉，但海鮮食材用量遠遠比肉多，和臺灣各地喜歡加大量豬肉絲、肉塊、肉片、豬肝有明顯差異。

時至今日，肉類價格已遠比海鮮便宜，北辰市場也天天買得到雞肉、豬肉、牛肉、羊肉等，不過現代澎湖人的日常飲食無太大改變，平常人家餐桌至少有兩種以上海鮮。

01

澎湖牛

澎湖湖西鄉、白沙鄉瓦硐村、小赤村、岐頭村、馬公市郊，尚有村民飼養黃牛販賣，但數量不多。澎湖目前約有一千多頭牛，飼養時間約三年方能供應市場，每週六固定宰殺一頭牛販賣。北辰市場總計有三家牛肉攤。

早年澎湖人不食牛肉，養黃牛主要為了耕田、駕車，並以牛糞乾當柴火。印尼龍目島薩薩克族，會以牛糞鋪在泥土地板上，防止地板龜裂，減少屋內灰塵等。早年澎湖人同樣以牛糞作為建材，以硓砧石蓋房子時，將牛糞加沙攪拌均勻後，可填補硓砧石隙縫，作用猶如水泥。

早期澎湖人，即使牛隻生病，或掉到井裡死掉，依然不會宰牛取肉。當時澎湖人認為，吃牛肉是野蠻行為。

羅德信神父在《澎湖：風和沙之島》描述：「一個老農夫向我痛批中國大陸來的難民，因為他們敢吃牛肉，他如此尖酸的斥責：『沒心肝的人，毫無憐憫之心地宰殺無辜動物，這些動物幫助又分擔人類的勞苦，人類到了這樣的地步嗎？你想想，宰了牠們就為了把牠們吞下肚，這就跟野獸沒兩樣！』」

由此可見，澎湖人食用牛肉是近代才形成的飲食習慣，隨國民政府遷臺的外省族群移居澎湖，使澎湖原有的漁村飲食文化，融入眷村飲食，如牛肉麵、牛肉捲餅、燒餅等。後來又受西式飲食文化影響，引進牛排館，馬公市有幾家牛排館，從平價到高單價均有，經常座無虛席。

牛肉蔬菜湯

這道湯品是印尼風味牛肉蔬菜湯，口感清淡、湯頭鮮美。一鍋湯，有牛肉，以及多樣蔬菜，可泡飯或配冬粉吃，再不然飯後喝湯亦可。由於添加了肉桂、丁香、肉豆蔻、生薑等辛香料，一碗熱湯下肚就會全身冒汗、身體變暖、血液暢通。

材料

牛肉100公克、高麗菜140公克、蘋果150公克、馬鈴薯220公克、紅蘿蔔60公克、牛番茄90公克、青蔥1根、芹菜10公克、鴻喜菇55公克、洋蔥1/4顆、水1500cc、鹽1/2小匙、生薑7公克、丁香0.5公克、肉桂2公克、肉豆蔻半顆、白胡椒粉適量

作法

1. 所有材料洗淨。牛肉切塊，高麗菜、番茄、馬鈴薯、蘋果切成適當大小，紅蘿蔔切片，洋蔥切絲，蔥、芹菜切段，鴻禧菇用手撥開。
2. 水入鍋中煮開後轉小火，加生薑、蘋果、部分高麗菜慢慢燉煮約30分鐘， 撈掉雜質使湯頭更清澈，再放下馬鈴薯、紅蘿蔔煮熟、最後加入牛肉繼續煮約5分鐘，邊煮邊繼續撈出雜質。
3. 放入番茄、鴻喜菇、剩餘高麗菜繼續煮到半熟後，加肉桂、丁香、肉豆蔻、白胡椒粉續煮約10分鐘，撒上青蔥及芹菜稍煮後關火。
4. 將煮好的湯盛碗，撒上油蔥酥即可。

料理重點

這道清湯非常適合小孩子及年長者，牛肉可改用排骨、雞肉或羊肉等替代，煮的時候多放些蔬菜，營養豐富。

02

澎湖羊

除望安、七美、東吉嶼有居民以放羊維生，澎湖本島同樣有幾戶人家養羊，供本地人食用之外，同時還販賣到臺灣。目前澎湖羊，總計約有二千七百多隻。

到過澎湖的旅客，在七美、望安、東吉嶼等島嶼，容易見到羊群沿路奔跑，尤其東吉嶼，羊的數量比人還多，剎那間讓人以為置身大草原，與羊群為伴，成了牧羊人。

澎湖一隻羊平均飼養時間約十二至十四個月，母羊從懷胎到生下小羊約五個月，每胎可生一至三隻小羊。澎湖羊品種屬於臺灣山羊與努比亞羊的混種，經過改良後，肉質口感佳，腥羶味不重。

澎湖馬公市、湖西鄉、白沙鄉有幾家知名羊肉快炒店，冬天提供羊肉爐，經常高朋滿座，成了澎湖人重要的社交場所。一般家庭，還喜歡在家炒羊肉，由於羊肉較燥熱，更多人喜歡在冬季食用，因此入秋開始，羊肉需求量大增。

澎湖羊隻宰殺時間較不固定，通常依據肉品市場屠宰班表為主。北辰市場二樓有兩攤專賣澎湖和國外進口的羊肉，方便市民選購。為了消費者的健康，每批澎湖羊宰殺前，需經過嚴格檢疫。販賣到臺灣本島的羊隻，同樣進行檢疫後才能拍賣，並於臺灣本島宰殺。

03

澎湖雞

澎湖養雞屠宰戶有十七家，而北辰市場總計有十家雞肉攤販。有些雞肉攤販專賣肉雞，有些則賣土雞、仿土雞，又有些賣各品種的雞肉。可安心在澎湖買雞，因為農漁局、衛生局都有嚴格把關。

我通常固定向幾家雞肉攤販買雞，依據料理需要選購不同雞肉，煮湯、煮咖哩買土雞或仿土雞，烤雞、炸雞，則選購肉雞或玉米雞。

我最常光顧的雞肉攤販告訴我，從臺灣來的小雞，在港口就要檢疫，每週政府人員還會到養雞場抽驗雞糞便、血液、飼料等，一來確認雞隻是否健康，二來避免使用不當藥物等。衛生局人員每月也會不定時到市場雞肉攤抽驗一至二次，確保雞肉衛生、安全。

不同品種的雞，生長時間不同，肉雞飼養時間只要六十天，飼料要全磨碎成「穀粉」。雞肉攤販說，肉雞較嬌，無法直接吃顆粒狀飼料，否則易消化不良。至於土雞，任何飼料均可，大部分直接吃顆粒狀飼料，如玉米粒、稻米、水果等，不過生長時間比肉雞慢，足足要六個月才能宰殺販售。

除從臺灣引進小雞飼養，部分澎湖養雞戶，直接從臺灣引進雞隻，在澎湖繼續飼養約兩周後，再宰殺販售到市場。

椒麻雞

第一次吃到椒麻雞後滋味難忘，一直很想學這道菜。剛好念書時有祖籍雲南的同學，從他那裡學會椒麻雞的料理秘訣。中式川菜、雲南菜經常使用花椒，東南亞有些料理也同樣會用花椒增添麻辣、香氣，刺激食欲讓舌尖充滿律動。

材料

Ⓐ雞腿1隻、高麗菜適量、蛋白1顆、地瓜粉適量、麵粉適量

Ⓑ米酒1大匙、二砂糖1茶匙、醬油1/2大匙、白胡椒粉適量、鹽少許

Ⓒ蒜頭2瓣、香菜3根、朝天椒1根、檸檬1顆、二砂糖1.5大匙、魚露2大匙、開水1大匙、花椒適量、食用油適量

作法

1. 所有材料先洗淨，雞腿去骨，高麗菜切絲。
2. 雞腿加上材料Ⓑ及蛋白醃漬15分鐘，裹麵粉後靜置待其反潮，裹地瓜粉炸到金黃色即可撈起吸油再切塊，鋪在裝有高麗菜絲的盤子上備用。
3. 材料Ⓒ辣椒、蒜頭切細末， 香菜切細、檸檬取汁。花椒搗碎，以食用油炒香備用，所有材料混合拌勻即成為椒麻雞醬料，食用前澆淋雞腿排。

料理重點

還可撒些花生碎或白芝麻，更香更開胃。麻辣感可依個人喜好，增減朝天椒、花椒比例。

04

澎湖豬

澎湖肉類主要從臺灣本島引進，不過澎湖依然有小型畜牧業，目前有三家養豬戶，每月供應市場二次「澎湖豬」，每次約一百隻。

想買到澎湖豬必須依照宰殺表到市場買，或事先向養豬戶預定。

養豬戶說，澎湖豬種豬無論公、母均來自臺灣本島，不過生下來的小豬，是「土生土長」的澎湖豬。一般養豬時間約六個月即可供市場食用，一頭豬平均體重一百公斤為理想，重量不宜超過一百二十公斤，否則會影響肉質口感，價格反而下跌。

種豬採用人工授精，母豬一年懷胎兩次，每次生十五至十六隻小豬，不過有時僅生一隻。種豬平均圈養時間為五至八年，之後無法再生育，由於肉質口感不佳，澎湖人不吃，加上澎湖無豬肉加工食品廠，因此時間一到，養豬戶便將種豬送回臺灣作加工食品。

澎湖人常說：「澎湖豬比臺灣豬好吃。」或許是因為圈養環境所致，澎湖無工業污染、空氣好，每隻豬為避風，冬天時圈養在有暖氣、乾淨的豬舍。買了幾次澎湖豬，發現澎湖豬體味不明顯，肉質Q彈、不油膩，類似臺灣的黑豬肉。

豬肉沙嗲

沙嗲源自印尼，後傳到新加坡、馬來西亞、泰國等地，曾被 CNN 票選為全球五十大美食中排名第十四名。在印尼，不同地區、民族衍生不同作法及口感，最知名的即為馬都拉沙嗲（Sate Madura）。由於八成印尼人信仰伊斯蘭教，故街頭販賣的沙嗲多採用雞肉、羊肉、牛肉等，華人想吃豬肉沙嗲時，除到峇里島，或由華人經營的餐廳之外，更多時候必須在家裡自己烤。移居澎湖後，我同樣以澎湖豬為家人烤沙嗲。

料理重點

1. 做成沙嗲時，五花肉必須去皮，以免經過烘烤後，豬皮變硬、難咬，影響口感。
2. 豬肉可改成雞肉或其他肉類。胡椒粒、芫荽籽可改成粉狀，至東南亞店、超市等均可購得。
3. 自製印尼甜醬油，可採用臺式醬油膏 15ml、清醬油 15ml、椰糖 5 公克，所有材料拌勻即成。

材料

五花肉350公克、蒜頭2顆、紅蔥頭3-4顆、芫荽籽1茶匙、白胡椒粒1/3茶匙、海鹽適量、食用油1/2大匙、米酒20cc、羅望子汁1茶匙、椰糖40公克、油蔥酥適量、竹串約18根

作法

1. 所有材料洗淨，五花肉去皮，切約2公分大小塊狀，放入碗中備用。
2. 紅蔥頭、蒜頭，加上以事先炒過的芫荽籽、白胡椒粒、海鹽全磨碎成泥後，與食用油、米酒及羅望子汁，放到裝有豬肉塊的碗裡，醃漬1小時。
3. 將醃好的豬肉用竹串串起，以木炭或氣炸鍋、平底鍋烘烤至熟。
4. 烤好的沙嗲盛盤，淋上花生醬、金桔或檸檬汁，油蔥酥，搭配番茄、小黃瓜、洋蔥即可享用。

沙嗲醬

材料

熟花生粒75公克、大蒜1瓣、紅蔥頭1顆、石栗1顆（烤過）、椰糖2湯匙、金桔1 顆、鹽適量、白胡椒粉適量、食用油適量、水200cc

作法

1. 將花生、大蒜、紅蔥頭、石栗磨碎。
2. 鍋中倒入食用油，加上已打碎的醬料炒香，放椰糖、鹽、白胡椒粉繼續拌炒，加水煮到濃稠後關火（可加點搗碎的辣椒，就成了辣味沙嗲醬）。
3. 醬料以碟子盛裝，加少許印尼甜醬油或自製印尼甜醬油、淋上金桔汁即完成，可搭配沙嗲肉串一起享用。

酥炸排骨酥

我自小不喜豬肉，對我而言，豬肉味道太重，因此無論家人如何勸說、逼迫，甚至使出各種誘因，始終拒吃！不過，先生和女兒特愛豬肉，為了父女二人，我會用心烹調各式豬肉料理，而這道先生口中的「臺式古早味排骨酥」特別受青睞，所以與大家分享。

其實好吃不好吃，人的眼神、表情無法欺瞞。當他們吃到酥炸排骨酥時，我先生一臉驚訝說：「這是臺式古早味排骨酥」還頻頻問我向誰學來？我真的憑感覺煮，臺式古早味排骨酥是何種味道，為我而言始終是個謎！

材料

排骨約500公克、紅蔥頭6-7顆、蒜頭5顆、五香粉1/3茶匙、黑胡椒粉1/4茶匙、海鹽1/4茶匙、鹽1/4茶匙、二砂1/2茶匙、米酒1大匙、黑豆蔭油青醬油適量、地瓜粉適量、樹薯粉適量

作法

1. 排骨洗淨放入碗中備用。
2. 海鹽、鹽加上紅蔥頭、蒜頭磨碎。
3. 除地瓜粉、樹薯粉，將所有材料倒入裝有排骨的碗中，用手拌勻按摩排骨後醃漬4.5小時。
4. 將地瓜粉及樹薯粉混和均勻，取一塊排骨裹上地瓜粉炸酥，直到全炸完即可。

料理重點

1. 酥炸時，油溫不宜過高，採用中小火，以免過熱導致外皮焦黑、發苦，或外皮焦黃，內肉卻不熟。要炸出漂亮又酥脆的排骨酥，需要耐心，慢慢油炸！
2. 地瓜粉源自地瓜，口感較香甜，樹薯粉，原料來自樹薯，口感不甜，但更Q彈。
3. 糖的用量，可依據自家使用的醬油鹹度調整。

3-3／澎湖海鮮

與陸地相較，澎湖海洋資源無比豐富。澎湖海域出產的魚蝦、海鮮、貝螺、藻類公認品質好，口感鮮美、肉質Q彈、種類多元，凡嚐過的人無不再三回味。

移居澎湖後，在北辰市場，我經常發現不同品種魚類，有不少還第一次看過，例如：火斑笛鯛魚、紅新娘、象魚、珠螺、水晶鳳凰螺、小鳳螺等。此外，許多海鮮吃過了，卻記不住名稱，真要討論澎湖海鮮，可出一本澎湖海鮮大全。在此介紹幾種令我印象深刻且常見的海產。

食記好吃好玩

來澎湖就一定要嘗海鮮，價錢不一定便宜，但取其新鮮以及種類多，絕對不能錯過！在澎湖，每間海鮮餐廳各有特色，大致都不錯。以下是我嘗鮮後的心得和大家分享。

首先是位於馬公市三多路龍行新城的「卡青海鮮料理」，店內裝潢樸素，桌數不多，但餐點美味又衛生，價格公道。不過餐廳裡只有大桌，較適合八至十人以上一同用餐，三兩人則不適合。

「卡青海鮮料理」菜色清淡，保留海產鮮味。必點料理有櫻花蝦烏魚子炒飯、半煎煮魚、鹽蒸蝦、清蒸螃蟹、龍蝦三明治、三杯大捲等。若要品嘗澎湖古早味，主廚的望安酸瓜炒蛋，別有一番滋味。

馬公市海埔路海鮮餐廳林立，堪稱「澎湖海鮮一條街」，當中我較常去的是「澎漁宴」。店內有二層樓，一樓有一張

清蒸螃蟹／卡青海鮮料理

半煎煮魚（國光魚）／卡青海鮮料理

鹽蒸蝦／卡青海鮮料理

十人桌及數張可供二至四人用餐小桌，二樓則有十人桌三桌，另有包廂供好友聚餐。

「澎漁宴」有傳統澎湖漁村料理，如辣炒臭肚魚等，也有創新料理，店內招牌菜「海膽仙人掌炒飯」，結合在地特有食材，頗具巧思。我最喜歡「澎漁宴」的金沙小卷、蟹黃絲瓜、和風冰花、蒜蓉蒸蝦等。整體而言「澎漁宴」餐點，口感濃郁、鮮香，非常適合下酒小酌。

若只有兩、三人，可到馬公市信義路的「自強餐廳」，店裡有大桌、小桌，是澎湖少數面積較寬敞的餐廳。「自強餐廳」可提供小份量的菜色，例如小份紅新娘約二百元，其他菜餚也只有幾百元，點四至五道菜，千元左右，非常實惠。

離開馬公市到郊區，建議可至白沙鄉講美龍德宮前的「吳家小館」。「吳家小館」的干貝筊白筍，鮮甜、清淡，百吃不厭。紫菜月亮餅以花枝漿加紫菜作內餡，又香又酥。另一道值得品嘗的是石斑魚高麗菜酸，鮮中帶酸，好下飯。若喜歡吃肉，可點八寶丸，是「吳家小館」的招牌餐點。

到海鮮餐廳用餐，除依菜單點餐外，還可直接告知店家一桌有多少預算，由餐廳安排菜色，通常一桌六千至八千元，即可享用新鮮美味的當令海鮮。

海鮮餐廳之外，對於想吃簡單料理，體驗澎湖小吃的遊客，可選擇小管麵線、紫菜炒冬粉、金瓜炒米粉等，或到北辰市場一帶小吃店，品嘗街頭小吃，別有一番滋味。

干貝筊白筍／吳家小館

八寶丸／吳家小館

01

土魠魚（康氏馬加鰆）

選購土魠魚時，建議挑體型六公斤以上的為佳，因為體型太小，肉質不夠肥嫩。一條約六公斤以上的土魠魚，售價約五千多元，若漁獲量多，有些漁民會優惠賣，重量四、五公斤的土魠魚，只賣二千多元。

康氏馬加鰆，學名：*Scomberomorus commerson*，俗名眾多，包括土魠、土托、塗魠、鮏魠、馬加、頭魠、馬鮫魚等，其肉質細嫩肥美、骨頭少、魚皮光滑薄嫩、無鱗片，經濟價值高，澎湖漁民稱「白金」。

康氏馬加鰆最常被稱為土魠魚，屬於鯖科馬鮫屬或馬加鰆屬，與臺灣馬加鰆（*Scomberomorus guttatus*）、高麗馬加鰆（*Scomberomorus koreanus*）、中華馬加鰆（*Scomberomorus sinensis*），以及日本馬加鰆（*Scomberomorus niphonius*）同屬，外觀特徵神似，例如腹部呈現銀白色、身上有斑點、橫帶等。

馬鮫屬魚類個性兇猛，屬於肉食性魚類，成長速度快、繁殖力強，不過隨著過度捕撈、生態破壞、氣候變遷等因素，產量越來越少。其中臺灣馬加鰆，俗名白腹仔、白北仔、白北魚、白腹鰆、斑點馬鮫等，更難以捕獲。

其實早期澎湖人說的「白金」是指臺灣馬加

有時我會做咖哩魚丸，將土魠魚打成漿，加太白粉拌勻，取適當分量，丟入滾水煮熟撈起，吃的時候加上以薑黃、檸檬葉、印尼月桂葉、蒜頭、紅蔥頭、石栗、胡荽籽、椰漿、淡奶調味的咖哩湯，這是我小時候熱愛的滋味。

鯖（白北魚），肉質比其他同屬魚類更細嫩，但近幾年產量銳減，漁民偶有捕獲，價格可賣到一公斤六千五百元，昂貴程度遠超過土魠魚。

隨著白腹仔產量大減，澎湖漁民的「白金」改為土魠魚，不過近幾年捕獲量不穩，價格隨魚獲量起伏。冬季是土魠魚季節，北辰市場處處可見大小不一的土魠魚整齊擺放在魚攤，等待客人選購。依澎湖人經驗，愈接近隆冬，天氣愈冷，土魠魚會吃進更多魚類，供身體製造油脂維持體溫，因此肉質較肥美，乾煎時油脂還會從魚皮縫滲出。過完農曆年，海水溫度轉暖，土魠魚體內油脂含量變低，肉質變得較乾，連帶價格也會下滑。

每次看到土魠魚，我就眼睛發亮，看到必買。一來我很愛它的肉質，二來可煮成印尼美食：烤魚板（otak-otak），或是巨港甜不辣（Pempek），都非常鮮美Q彈。

巨港甜不辣

巨港甜不辣口感如臺灣人熟悉的甜不辣、天婦羅或魚版，是印尼巨港（Palembang）知名小吃，當地人稱作 Pempek。巨港甜不辣是華人與當地馬來族的飲食結合，以鮮魚為主材料，融合太白粉再水煮或油炸，吃的時候要蘸由椰糖、大蒜及辣椒調製的酸甜辣醬，不蘸醬亦可。

Pempek 有各種外觀、種類，基本款是長條狀，巨港人稱 Pempek Lenjer。其他還有包餡，如包青木瓜絲、雞蛋、豆腐等。巨港人甚愛 Pempek，天天吃，從三餐到消夜均離不開。我幼年曾住巨港，對 Pempek 愛不釋手，即使搬來臺灣也經常想念此滋味，如今連女兒也愛吃 Pempek ！

材料

土魠魚500公克、冰水150cc、糖1茶匙、鹽1/2大匙、食用油1大匙、太白粉250公克

作法

1. 土魠魚去皮去骨，打碎成魚漿，取出入大碗裡，加上糖、鹽、食用油、冰水拌勻、摔打到魚漿變濃稠，再逐次少量入太白粉拌勻。
2. 取適當份量，揉捏成長條狀。
3. 鍋子加水煮開，放入所有已捏好的Pempek，以中小火煮熟，待Pempek浮出水面，即可撈出放涼。
4. 煮好的Pempek放涼後可直接食用，亦可經過油炸後再吃。巨港人喜歡蘸酸甜辣醬，加上切細碎的小黃瓜品嘗，滋味爽口，不油膩！

料理重點

製作 Pempek 的過程 ，加入太白粉後，不可用力揉捏摔打魚漿，否則做出的 Pempek 口感變硬，失去 Q 彈軟嫩感，不好吃。

烤魚板（烏打烏打）

烏打烏打（印尼文 Otak Otak，星馬稱 Otak）是一種魚漿料理，口感相似魚板，源於印尼蘇門答臘巨港（Palembang）的知名小吃，亦常見於星馬，只是不同地區做出來的口感、蘸醬醬料有些差異。在蘇門答臘廖內省、星馬，製作烏打烏打有時會添加磨碎的辣椒、小茴香等香辛料，香氣四溢。

材料

土魠魚漿250公克、椰漿80cc、蛋白1顆、太白粉50公克、青蔥1條、紅蔥頭5顆、鹽1/2茶匙、調味粉或糖適量、白胡椒粉少許、芭蕉葉1-2片

作法

1. 土魠魚肉去骨剁碎成泥，做成魚漿。
2. 青蔥洗淨切細，紅蔥頭剝皮洗淨切細末。另將芭蕉葉洗淨、拭乾後備用。
3. 魚漿加蛋白攪拌均勻後，放鹽、白胡椒粉、紅蔥頭及調味料繼續攪拌，倒入椰漿，少量逐次加上太白粉拌勻，最後加入青蔥稍微攪拌。
4. 取一小片芭蕉葉鋪於桌面，舀一匙已調製好的魚漿，將芭蕉葉捲起來，上下用竹籤固定，放入平底鍋正反面烘烤到熟，再搭配烏打烏打醬一起享用。

料理重點

芭蕉葉有特殊香氣，若使用較老的芭蕉葉，可先以瓦斯爐，採用小火稍微烤至變軟較易捲起。若找不到芭蕉葉，可用瓷碗塗抹少許食用油，放入調製好的魚漿蒸熟，雖然少了點香氣但一樣好吃。

02

紅新娘（洛神項鰭魚）

紅新娘最長可達三十公分，不過澎湖常見的紅新娘長約八公分，嬌小可愛，肉質細嫩，一般料理方式為煎、炸，香酥可口。除食用，紅新娘尚適合當觀賞魚。在北辰市場，紅新娘通常已冷凍，裝入塑膠餐盒販售，一盒十六至二十隻，售價約一百五十元。

紅新娘，正式中文名稱為「洛神項鰭魚」，學名：*Iniistius dea*，其他名稱包括：扁礫仔、紅姑娘仔、豎停仔、紅豎停、紅角龍、紅平倍良、紅楔鯛、紅離鰭鯛、洛神頸鰭魚、胭脂冷等。

澎湖漁民稱洛神項鰭魚為「紅新娘」，或許因為模樣可愛，體色鮮豔，加上生性膽怯，受到驚嚇時，立即躲入泥沙裡，猶如新娘般嬌羞。

紅新娘煎、炸後，可搭配胡椒鹽，有時我會配辣椒醬油——以朝天椒，加上松露黑豆醬油、檸檬汁做成的醬料——香香辣辣，好開胃！偶而搭配南洋風味參巴醬(Sambal)——以椰糖、朝天椒、紅蔥頭、蒜頭、蝦醬、鹽調製的辣椒醬，開胃到白飯一碗接一碗。烹調紅新娘非常簡單，不需高超廚藝，就可輕鬆煮出一道人人愛吃的料理。

乾煎或油炸時，可直接將已調味的紅新娘入鍋，尚可裹薄薄的地瓜粉，有些人會沾蛋液再炸，而我習慣直接乾煎，以小火慢慢煎到香酥。因為香氣十足，我經常邊煎邊吃，有時沒注意，一大盒的魚，僅剩一

不少魚腹部、內臟又腥又臭又苦，紅新娘卻相反，腹部、頭部、內臟有股香氣，宛如蟹黃，整條魚從頭到尾，讓人吃得津津有味。不過吃的時候，要小心注意，因為紅新娘有不少細刺。

半上桌。

到澎湖餐廳點紅新娘，一份五、六條，約二百元。因為乾煎費工費時，餐廳多以油炸烹調，肉質酥脆，炸好後盛盤，附上胡椒鹽，供消費者蘸食。

不少魚腹部、內臟又腥又臭又苦，紅新娘卻相反，腹部、頭部、內臟有股香氣，宛如蟹黃，整條魚從頭到尾，讓人吃得津津有味。不過吃的時候，要小心注意，因為紅新娘有不少細刺。

紅新娘味道有多迷人？有次我在臉書分享乾煎紅新娘，許多網友看了，不斷問我有沒有賣紅新娘？哪裡買得到？也有許多吃過的網友，留言分享難忘紅新娘滋味。

紅新娘對北部人而言顯得陌生，但南部人，尤其高雄、臺南人相對熟悉，或許因為兩地有不少澎湖人居住。聽說早期臺南、高雄傳統市場經常可見紅新娘，不過現在越來越少見。推測可能是澎湖漁民漁獲大多銷往南部魚市，因此臺南、高雄較常見到紅新娘。

紅新娘除分布在澎湖、臺灣東北部、西部海域，中國南海、韓國、日本、菲律賓、印尼、印度海域均為棲息地。但我在臺北住了二十餘年不曾見過紅新娘，只聽朋友提過，早年基隆也有不少紅新娘，但基隆市場上的紅新娘體型比澎湖大。

然而，現在即使在澎湖，紅新娘也不若以往好買。冬季時我在北辰市場也是偶爾才看到紅新娘，端午節過後，產量增加，但和其他魚類相較，產量少，因此，只要有紅新娘，我會多買幾盒冷凍。友人說，早年紅新娘產量多，澎湖人還常拿來餵鴨，如今已成珍饈。

由於紅新娘容易腐壞，紅新娘上岸販售前，多已事先在船上冰凍保鮮，烹調前，為確保鮮度，最好前一晚置於冰箱冷藏慢慢退冰，若要立刻煎或炸，以沖水撥冰退冰方式處理，不用刮鱗片、清除內臟，即可直接煎或炸。

紅新娘，公和母體色不同，公新娘是紫色（左圖），母新娘是粉橘紅色（右圖）。漁民說，公新娘和母新娘，口感有些差異。

03

玳瑁石斑魚

有「澎湖縣魚」之稱的玳瑁石斑棲息在岩石、珊瑚礁淺水海域區，以小魚蝦為食，產量多，不過九公分以下禁捕。因為臺灣本島少見，有人說玳瑁石斑是高級石斑魚，但在澎湖經常可見，非常平民。

玳瑁石斑魚，學名：Epinephelus quoyanus，別稱：石斑、過魚、花鱠、深水鱠仔、黑貓鱠、鱠仔、過仔等，屬石斑魚品種，體型通常不大，在北辰市場常見的大小約二十公分，最明顯特點是口大、身上有六角形斑紋，如豹紋。肉質Q彈細緻、膠質含量高，適合煮湯、清蒸、紅燒、乾煎、炙烤。

春夏期間，北辰市場每天下午四點左右，有不少漁民會以大型塑膠水盆盛裝玳瑁石斑，擺攤販售。有些還會打空氣增加水中含氧量，提高玳瑁石斑活力。

市場販售三條約五百元，料理玳瑁石斑時，魚體濕滑不好抓，魚背鰭有尖刺，若不小心手會被刺傷。我有時調理成傳統臺式清蒸魚，有時煮成泰式清蒸檸檬魚，有時則乾煎，配上南洋參巴醬（Sambal），或煮成紅燒等，經常變化煮法，避免吃膩！

泰式清蒸檸檬魚

酸辣微甜的檸檬魚超級下飯，上頭的淋醬湯汁幾乎適用於任何清蒸海鮮，淋一匙配飯也非常夠味。喜辣者，料理時，可增加朝天椒比例。

材料

玳瑁石斑魚1條、大蒜2顆、朝天椒2根、紅辣椒1根、香菜2根、檸檬或萊姆1/2顆、生薑5公克、魚露2大匙、二砂糖1大匙

作法

1. 所有材料洗淨。魚身畫兩刀，另用石臼或調理機、研磨器等，磨碎一顆蒜頭、生薑，將其均勻塗抹魚身。
2. 大蒜、朝天椒、紅辣椒、香菜切細末， 備用。
3. 魚露、二砂糖放入碗中拌勻至糖稍微溶解，放辣椒及蒜頭末，拌勻後淋到魚身上，入鍋蒸到熟，撒上香菜末稍燜片刻取出，淋上檸檬汁即可享用。

料理重點

酸甜辣度可依個人喜好酌量調整，檸檬汁起鍋後淋上。

04

臭肚魚（象魚）

臭肚魚，主要棲息地在珊瑚礁淺水區，以藻類為食，由於臭肚魚腸子長，消化速度慢，因此當漁民將臭肚魚釣上岸時，魚體缺氧而死，未消化完的藻類發酵而產生臭氣，使臭肚魚身上有股腐酸味，令人卻步。

臭肚魚是澎湖常見魚類，俗名為象魚、臭肚、象耳、臭肚仔、羊矮仔、盧矮仔，澎湖漁民經常以「臭肚仔」稱之。臭肚魚總計有十二品種，澎湖常見的種類為「銀臭肚魚」，別稱是「銀色籃子魚」，學名：*Siganus argenteus*。無論春夏秋冬均可見，不過澎湖人說，冬天的臭肚魚最肥美。

臭肚魚產量多，價格便宜，加上有特殊體味，以致難登大雅之堂。事實上，臭肚魚肉質非常細嫩，口感不輸石斑魚。有次我有機會品嘗臭肚魚，當時餐廳將臭肚魚切片裹麵粉酥炸，外酥內軟、香氣飽滿，同桌有澎湖人向來不吃臭肚魚，但那天大家一致認為肉質香嫩，很難想像是臭肚魚。

殺臭肚魚時，要小心臭肚魚的背鰭、腹鰭及臀鰭具有毒棘，被刺後會引發疼痛，最好事先用剪刀將鰭剪掉。另外，要注意避免割破臭肚魚腸道，否則魚肉會遭酸腐味沾染，整條魚變臭。不過若到傳統市場購魚，魚販會代為清理，無須擔心。

澎湖鄉下，許多家庭利用家中空地曬臭肚魚，一排排臭肚魚懸掛中庭，曬成魚乾。曬好的臭肚魚可烤、可煎、可炸，亦可與辣椒、蔥、蒜、米酒拌炒，當下酒菜，讓人食指大動。

新鮮臭肚魚可火烤或加望安酸瓜清蒸。有些餐廳將臭肚魚裹麵粉酥炸後，與三層肉、蒜、蔥、辣椒、醬油、米酒等拌炒，香氣十足又開胃。尚可將魚片切大塊些，裹麵粉油炸，再蘸泰式酸甜辣醬，誘人食欲。

炒臭肚魚乾

05

臭肉魚（小鱗脂眼鯡）

澎湖除有「臭肚魚」，還有另一種「臭肉魚」。臭肉魚容易腐爛，腥味重，加上產季在夏天，不易保存，因此漁民會將臭肉魚用鹽巴水醃漬後，再蒸煮並曬乾，以消除魚腥味，同時延長保存期限。

臭肉魚學名：Etrumeus micropus，正式中文名稱為「小鱗脂眼鯡」，其他俗名包括：臭肉鰮、鰮仔、鰮仔魚、鰮魚、圓眼仔、脂眼鯡、臭肉等，身長約二十公分，市場上常歸類為「沙丁魚」，因此網路上有些人會以「沙丁魚」、「澎湖沙丁魚」稱之。

不過，臭肉魚和地中海一帶的沙丁魚（學名：*Sardina pilchardus*），外觀雖神似，卻屬不同魚種。在澎湖，帶「臭」字的魚，多形容產量多、價廉的魚，難上檯面，但卻是百姓餐桌上的佳餚。

移居澎湖後，我有幾次在餐廳吃到以蔥、蒜頭、乾辣椒、花生、少許醬油、糖、米酒快炒的臭肉魚，香酥軟嫩，無論配飯、下酒都適合。

澎湖人還喜歡吃酥炸臭肉魚乾，作法將臭肉魚乾以肉桂、少許辣椒、糖、醬油等食材調味，以小火慢慢酥炸，可當點心，配茶喝，但更多時候是配酒吃。臭肉魚乾尚可熬成高湯煮粥、麵條等，煮味增湯時適量添加，湯頭甜，滋味好！

06

烏點仔（火斑笛鯛魚）

澎湖人稱的「烏點仔」，常指火斑笛鯛魚或勒氏笛鯛魚，兩者外觀極為相似。最大特色為魚背靠近尾巴處有黑點，易於辨認。烏點仔魚刺較多，吃的時候要小心注意。此外有紀錄顯示，火斑笛鯛魚內臟可能會累積熱帶海魚毒，國外曾有食物中毒紀錄，因此內臟一定要清理乾淨。至於勒氏笛鯛魚則無毒性。

火斑笛鯛魚學名：*Lutjanus fulviflamma*，別稱：金焰笛鯛、烏點仔、紅花仔、黃記仔、海雞母等。勒氏笛鯛魚學名：*Lutjanus russellii*，又稱：黑星笛鯛、加規、火點、海雞母、紅花仔等。兩者主要棲息於岩岸礁區，以小魚、甲殼類為食。

澎湖北辰市場經常可見烏點仔，通常是魚販自己釣的，肉質彈牙、鮮嫩，類似赤鯮魚。烏點仔適合乾煎，口感酥酥香香，搭配辣椒醬油、蘸南洋參巴醬（Sambal）非常下飯、開胃。有時我會煮成紅燒，加上洋蔥、蒜頭、紅蘿蔔、朝天椒、青蔥等，或者調理成糖醋魚口味，加番茄醬、醬油膏、黑豆純釀醬油、糖、鹽、烏醋、白醋烹調。

偶爾煮成星馬、印尼人愛吃的參巴魚（Sambal ikan、ikan pedas）。以辣椒、蒜頭、紅蔥頭、番茄、蝦醬、椰糖、檸檬葉等食材調製的醬料，配白飯吃，香辣可口。

參巴魚

參巴魚，印尼、星馬地區稱 Sambal ikan 或 Ikan pedas，是印尼、新加坡、馬來西亞人共同愛的美食。澎湖近海有不少中小型魚類，其中烏點仔，非常適合拿來煮這道料理，將魚乾煎至酥酥脆脆，再淋參巴醬，辛香開胃，好下飯！

材料

Ⓐ烏點仔魚2隻、金桔2顆、鹽少許

Ⓑ大紅辣椒10根、朝天椒1根、紅蔥頭5瓣、大蒜1瓣、小番茄6個、蝦醬 2公克

Ⓒ檸檬葉3-4片、印尼月桂葉2片、椰糖2茶匙、鹽適量、食用油適量、水適量

作法

1. 材料Ⓐ烏點仔魚洗淨、去除內臟，正反面抹鹽，淋上金桔汁，醃漬約10分鐘。鍋子加少量油，放入魚，小火乾煎至酥酥脆脆備用。
2. 材料Ⓑ大紅辣椒、朝天椒去蒂切斷；紅蔥頭、大蒜去皮切小塊；番茄去除蒂頭切半，所有食材與蝦醬全部放進果汁機，或食物調理機打碎成醬。
3. 準備鍋子入食用油加熱，以中火炒香檸檬葉及印尼月桂葉，接著倒入作法Ⓑ醬料炒香，加水，轉大火翻炒到醬汁煮滾，轉中火放椰糖、適量的鹽調味，試試口味，不夠甜加糖，太甜或不夠鹹加鹽，放進作法一的魚，淋上醬汁至魚身上，蓋上鍋蓋，小火續煮約3-5分鐘，使醬汁滲入魚肉內，熄火，盛起。

07

錢鰻（大斑裸胸鯙）

秋冬時，北辰市場有不少魚攤販售新鮮大斑裸胸鯙，通常已切塊，部分攤販則賣已曬乾的大斑裸胸鯙，一斤售價三百元。澎湖海鮮餐廳、飯店容易見到活大斑裸胸鯙，通常會養在魚缸裡，待客人點選即成了桌上佳餚。

大斑裸胸鯙，學名：*Gymnothorax favagineus*，別名為黑斑裸胸鯙、豆點裸胸鱔、錢鰻、薯鰻、虎鰻等。澎湖漁民多稱「大點花」、「花鰻」、「糬鰻」、「花點仔」等。

大斑裸胸鯙生性兇猛，以小魚和甲殼類為食，外觀如蛇，有尖牙，喜躲藏於珊瑚礁岩縫隙處、洞穴中，表皮光滑、無鱗片，身上有黑色斑點，宛如花豹，體長可達三百公分。肉質細嫩、富含膠質，深受饕客喜愛！

不過，至今我不曾吃過大斑裸胸鯙，大概每次都想起「美人魚」電影裡跟隨在烏蘇拉身旁的反派角色電鰻，加上我始終對蛇形魚類感到害怕，即使再美味，我也不敢吃。

根據我先生描述，大斑裸胸鯙肉質細滑紮實，但細刺不少。澎湖人喜歡將大斑裸胸鯙加上中藥，如人蔘、當歸、黃耆、紅棗、枸杞，並以米酒、適量鹽調味，成為冬季的燉補料理，可祛寒補氣。

早年澎湖婦女產後坐月子，多以大斑裸胸鯙，加上中藥燉補，由於富含膠質，可幫助產後婦女傷口癒合，恢復體力。一般女性食用，能補充膠原蛋白，達到美肌效果。

另外，不少人還喜歡煮成紅燒，以蔥、薑、米酒、醬油等調味。尚可做成三杯、糖醋口味等，再不然直接乾煎、炸酥亦可。已曬乾的大斑裸胸鯙，乾貨店老闆說，可與五花肉煮成紅燒，作法如同烹調石鮔滷肉，增鮮香。

08

丁香魚（日本銀帶鯡）

丁香魚新鮮食用，可做成握壽司或裹粉酥炸。為了保存，更多時候經過汆燙、日曬成「小魚乾」。澎湖白沙鄉赤崁村是丁香魚主要產地，素有「丁香村」之稱，每年五月一日起到六月一日，開放漁民捕撈，其他時間則是禁捕。

日本銀帶鯡，學名：Spratelloides gracilis，體型嬌小，最長約九公分，身上有銀色、閃耀發光的長條帶，俗稱丁香魚。超市或乾貨店經常可見丁香魚，是眾人熟悉的魚類，從零食、XO醬、味增湯、海帶芽湯，到印尼酸辣湯、香辣炸蛋、花生辣炒臭豆等都派得上用場。

我非常愛吃丁香魚，任何料理只要加上乾丁香魚就特別下飯；使用乾丁香魚熬湯，湯頭鮮甜；乾丁香魚與苦瓜、朝天椒、豆豉、蔥拌炒便成開胃菜；乾丁香魚加豆乾、蒜頭、青蔥、朝天椒、糯米椒，一點糖或印尼甜醬油、少許黑豆醬油、米酒調味，鹹、甜、辣，滋味鮮美。

移居澎湖後，熱情的澎湖友人三不五時送上一大包丁香魚，一下子就將家裡的冰箱塞滿。後來我也學澎湖人家中要有兩個冰箱，特別去買冷凍櫃，才放得下。

食記好吃好玩

新鮮丁香魚裹粉酥炸，口感香又脆。

丁香魚參巴醬

丁香魚參巴醬可當開胃菜，亦可作為一道料理，口感香辣開胃，是南洋印尼、星馬人的家常菜，無論拌白飯、薑黃飯、蝶豆花飯、斑蘭葉飯，乾麵、冬粉、米粉，或做成飯糰的餡料均可口美味。可一次多炒些，放入已消毒的玻璃罐，冷藏可保存兩星期。

材料

馬鈴薯1顆、丁香魚50公克、大紅辣椒15公克、朝天椒10公克、蒜頭2瓣、紅蔥頭5瓣 、印尼甜醬油1.5大匙、食用油 適量、水20cc

作法

1. 馬鈴薯洗淨，削皮，切薄片長條狀；小魚乾洗淨，水瀝乾後，與馬鈴薯片炸到酥脆，撈起備用。
2. 辣椒、蒜頭、紅蔥頭使用食物調理機，或果汁機磨碎成醬。
3. 鍋子放油，加熱後爆香辣椒醬，倒進水拌勻，再下馬鈴薯、小魚乾，以及其他調味料拌炒約2分鐘，即成。

料理重點

1. 馬鈴薯可改放花生，亦可全採用丁香魚，或加上干貝等一同翻炒，開胃下飯！
2. 印尼甜醬油可改用臺式醬油、醬油膏替代，另加椰糖或二砂調味。
3. 若不夠鹹，加些鹽。

09

珠螺

珠螺高度約 3 公分，殼大肉小，俗稱大頭仔、大頭螺仔，棲息在潮間帶，以藻類為食，一年四季皆可捕抓。在澎湖北辰市場中，常見賣貝螺的阿婆坐在小板凳，雙手不停將已煮熟的珠螺，用細針挖出螺肉後，疊放在不銹鋼水盆販售。

澎湖菜市場常見的「珠螺」品種有三種，一種學名：*Lunella coronate*，另一種學名則是：*Lunella granulata*，前者殼表無突瘤，顏色為綠色、灰色或黃褐色，後者殼表有突瘤，色澤呈現綠色帶黃，正式中文名稱為「瘤珠螺」。另尚有「美珠螺」，學名：*Lunella cinerea*，殼表呈棕褐色。

澎湖海鮮餐廳多將珠螺做成涼拌開胃菜，以香油、烏醋、醬油調味，部分業者還喜歡加上皮蛋，滋味爽口清脆。珠螺尚可以蒜苗、辣椒、大蒜、九層塔、醬油膏、香油、烏醋、糖等調味拌炒。此外，亦可水煮珠螺，配大蒜醬油，品嘗珠螺的鮮美。

澎湖老一輩喜歡做醃漬珠螺，即「珠螺膎」。作法將生螺肉，加大量鹽巴醃漬，裝入瓶罐發酵。熟成後，滋味鮮香鹹，配地瓜籤粥、白飯，非常美味，是澎湖人的古早味。

食記好吃好玩

珠螺

醃漬珠螺——珠螺膎

阿拉伯寶螺

銀塔鐘螺

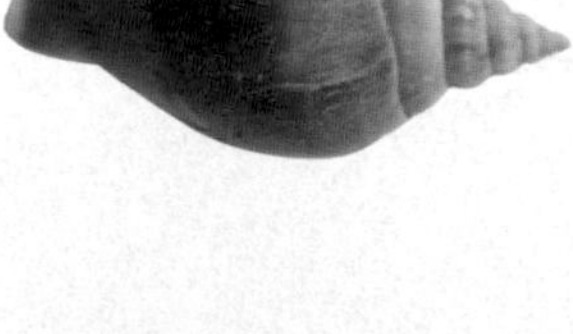

水晶鳳凰螺

10

大楊桃螺

我第一次吃大楊桃螺是在澎湖的海鮮餐廳，廚師將螺肉切成薄片，鋪在高麗菜絲上，還附小碗碟，內有五味醬，連同螺殼擺盤。大楊桃螺口感類似鮑魚，但更爽脆，有咬勁，入口鮮美！

大楊桃螺，學名：*Harpa major*，殼表有凹凸波浪狀的十二條縱長肋，呈橘粉略帶咖啡色的不規則紋路，殼口大、內殼光滑明亮，歐美人稱之「豎琴螺」，外觀美麗、討喜。

大楊桃螺生長在淺水海域沿岸，通常隨底拖網捕蝦蟹時一起入網。澎湖之外，臺灣本島、印尼、馬來西亞等地均有產出大楊桃螺，但現在產量銳減，澎湖海鮮餐廳偶爾可見，我未曾在市場見過，想品嘗大楊桃螺可遇不可求。

大楊桃螺除配高麗菜絲、五味醬、炒三杯等吃法，尚可烤螺肉淋醬，利用螺殼當食器淋上醬料、沙拉等，再加以擺盤，增添美感。

11

水晶鳳凰螺

到澎湖海鮮餐廳較容易見到水晶鳳凰螺，通常將螺肉蒸熟後，鋪在高麗菜絲的盤子上，便能上菜。水晶鳳凰螺肉質鮮甜，口感脆嫩，不須太多調味，只要蘸哇沙米、醬油，或直接吃就很美味。

水晶鳳凰螺，別稱：嬌ㄚ螺，學名：*Strombus Canarium*，長度約六公分，殼色為棕色，線條飄逸，殼厚重。殼口、軸唇光滑明亮，呈乳白色，主要棲息於潮下帶、珊瑚砂底等。

水晶鳳凰螺售價每公斤約四百五十元，屬於高單價海產類。近幾年由於市場需求量大增，但產量減少，避免走向滅絕，澎湖縣政府農漁局水產種苗繁殖場開始進行人工繁殖，從民國一〇五年開始著手復育研究，直到一〇八年放流四十五萬顆，隔年放流達到一百五十萬顆，產量增加。為進一步滿足市場需求，澎湖縣政府農漁局還鼓勵民間飼養，增加產量。

水晶鳳凰螺貝殼和其他貝螺類一樣可當裝飾品，在印尼，水晶鳳凰螺名為「Keong gonggong」，印尼人常用來做手工藝品，包括鑰匙圈、相框、人造花、菸灰缸、時鐘、衛生紙盒等，經加工設計後，價值提高，成為旅客喜愛購買的紀念品。

12

阿拉伯寶螺

阿拉伯寶螺學名：*Cypraea arabica*，澎湖人稱之為「嘟媽」。「嘟」是澎湖腔閩南語，指「豬」的意思，國語俗稱就是「豬媽」。有些地區則稱之為「豬仔螺」、「豬女螺」，有些文獻稱為阿文綬貝、紫貝齒、貝子等。

阿拉伯寶螺棲息於潮間帶的岩礁上，喜附著於岩石隙縫處，以藻類為食，殼呈橢圓形、褐色，長度約七至十公分，外殼光滑明亮，如其名般華麗別緻。

搬到澎湖近一年的某天傍晚，我才在市場發現阿拉伯寶螺，而且只有一攤在賣，足見產量稀少。漁民熱心的要我試吃，同時教我如何快速去殼。

漁民說，早年澎湖人吃「嘟媽」會直接敲碎外殼，不過那樣作法不夠衛生。現在，只要從螺的殼口齒列處，以金屬薄片撥開，即可將外殼分裂，輕鬆取肉。

阿拉伯寶螺肉質肥美鮮甜、好吃，口感Q彈，我甚至覺得比鮑魚好吃。料理時可水煮、火烤後直接吃，或蘸醬油、辣椒、蒜頭、青蔥，尚可蘸醬油及哇沙米品嘗。

不過，取螺肉必須破壞殼螺。阿拉伯寶螺外殼實在太美，我捨不得多吃，那次我買十四顆共二百元元，只吃幾顆，其他放入冰箱冷凍，慢慢讓螺肉變

我甚愛金環寶螺。每次回印尼，一定會買以金環寶螺製作的器皿。此外，為回憶小時候愛玩的遊戲，還特地從印尼買小型、方便攜帶的馬來播棋回來教女兒玩。

乾，自然脫殼，留下美麗的外殼收藏。想收藏螺殼者，亦可在網路購買，一顆售價從二十元至九百餘元。

阿拉伯寶螺之外，金環寶螺、黃寶螺均屬於寶螺科，澎湖人也稱為「嘟媽」，外觀同樣美麗，討人喜愛！

金環寶螺是我小時候最熟悉的螺，每次和同伴玩彈力球、馬來播棋（Congklak），或家家酒均會用到。另外，在印尼的海邊紀念品店，一定會見到金環寶螺做的杯墊、餐墊、隔熱墊、手環、項鍊、飾品、門簾等。

金環寶螺

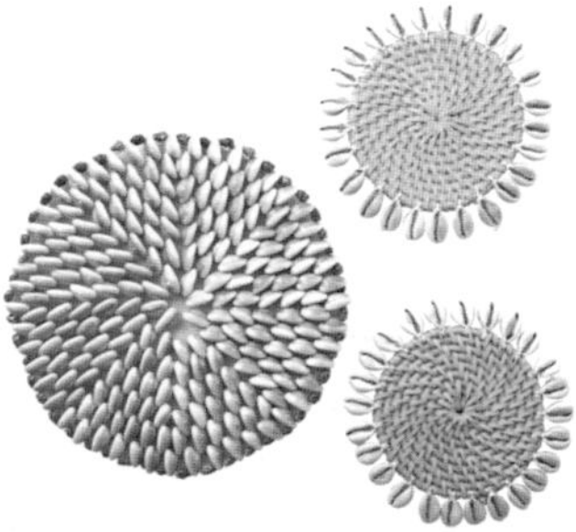

13

銀塔鐘螺

鐘螺肉質Q彈、脆嫩。料理方式可直接水煮、火烤、涼拌或以九層塔、加上蒜頭、辣椒、青蔥拌炒，並以蠔油、醬油膏、香油、烏醋等調味。我第一次吃鐘螺在澎湖的海鮮餐廳，當時餐廳將鐘螺擺在鋪上海鹽的鐵架上，以蒸煮方式烹調，再使用牙籤挖出螺肉，直接品嘗其鮮味，或蘸點烏醋吃就很美味。

銀塔鐘螺，學名：*Tectus pyramis*，俗名鐘螺，外殼呈現圓錐形，宛如埃及金字塔，最大殼徑可達九公分，產卵季從四月下旬到六月下旬。在北辰市場經常可見，經濟價值高，不過近幾年，野生鐘螺因過度捕撈產量減少，幸好經過人工繁殖，產量尚能滿足市場需求。

鐘螺棲息於潮間帶、礁岩岸淺海底，以藻類為食。烹煮後，螺肉會往殼內蜷縮，因此殼的洞口處，看不見螺肉。若在家中烹煮鐘螺，品嘗前需將鐘螺殼輕輕敲打或敲碎，但敲碎螺殼較費工，以輕敲的方式反而輕鬆許多，只要從鐘螺洞口處對面開始敲打，螺肉會慢慢往洞口處滑動，屆時可用手或牙籤、筷子等工具挖出，即可享用。

14

牡蠣

澎湖牡蠣主要養殖區在菜園海域、城前海域及竹灣海域，養殖時間約六至八個月，比臺灣本島長，主因為臺灣本島牡蠣多養殖在河口半淡鹹水區，河口區域浮游生物較多，餌料充足，因此牡蠣養殖時間較短。

牡蠣別稱蚵仔、蠔、生蠔、青蚵，口感潤滑鮮嫩，外殼和其他貝螺類相比，不算美麗，觸摸起來粗糙、堅硬，色澤呈灰白色，部分外殼會附著綠色藻類，呈現灰白帶綠。牡蠣在眾多貝螺類當中，是臺灣最常見，日常生活中經常食用的海產類之一。

牡蠣以植物性和動物性浮游生物為食，澎湖的牡蠣養殖方式為：插洪式養殖、平掛式養殖、竹筏式養殖、延繩式養殖法。養殖牡蠣需注意扁蟲、蚵螺寄生蟲等危害。

由於，澎湖牡蠣養殖海域乾淨，加上澎湖沒有河川，當地海水鹽度比臺灣河口附近海域高出千分之十至十五，因為滲透壓關係，以及高鹽度，致使澎湖牡蠣口感比臺灣河口海域養殖的牡蠣更結實、Q彈、有嚼勁，味道甘甜鮮美，令人驚艷。

澎湖一年四季皆產牡蠣。澎湖人說，春夏牡蠣體型較大，但肥美度不若秋冬。澎湖牡蠣約有百分之七十銷往臺灣本島，主要運至嘉義，再分銷到本島北部夜市及全臺餐廳。

傍晚退潮時，阿婆到潮間帶掘拾石蚵。
石蚵正式中文名稱為「黑齒牡蠣」，學名：*Saccostrea mordax*。野生石蚵體型比養殖的牡蠣小，附著在礁岩上，口感嫩滑、結實，可生食。

牡蠣營養價值高，有大量維生素B12和多種礦物質如：鐵、銅、錳、鋅、鎂、鈣、磷等，其中鋅含量特別高。資料顯示，鋅能加速傷口癒合，有助毛髮、皮膚、指甲生長，還能提高人體免疫力、有利身體發育，以及促進賀爾蒙分泌、維持大腦和心臟的健康，好處多。歐洲人稱牡蠣為「海洋中的牛乳」，日本人則視為「帝王食品」。

有些人喜歡生食牡蠣，不過一不小心容易造成食物中毒，因此料理牡蠣仍以熟食為佳，同時適量食用即可。我曾因太愛吃牡蠣，一次吃太多，造成上吐下瀉，身體嚴重脫水，從此懂得節制，再也不敢過量食用。

我是從印尼到臺灣後才開始吃牡蠣。小時候家人經常買海鮮、貝類，唯獨不曾有牡蠣，連大名鼎鼎的閩臺小吃——蚵仔煎，在眾多福建漳州、泉州移民的印尼，都沒有這道小吃，因此我小時候對牡蠣的印象僅停留在家中常用的蠔油，印尼文稱為「Saus Tiram」。

朋友說，帶殼牡蠣直接蒸煮最好，做法為鍋裡加少量水，放上鐵架，擺放牡蠣蓋上鍋蓋，以大火蒸煮約十分鐘以內完成。若遇到有些牡蠣未開殼，用剪刀剪牡蠣殼邊緣，掰開即可取肉。蒸煮牡蠣避免過久，否則牡蠣會縮水、肉質變硬，少了鮮甜多汁、肥美滑嫩感。

我除了愛吃蚵仔煎、金門蚵嗲、蚵仔麵線、酥炸牡蠣之外，還喜歡將牡蠣與油麵烹煮，加上九層塔、蒜頭酥或油蔥酥，簡單、鮮美。若想吃重口味，可將牡蠣加上豆腐、豆豉、辣椒、九層塔、蒜頭、青蔥，並以米酒、香油、醬油膏等調味，成了下飯佳肴。

搬到澎湖後，有朋友送自家養殖的牡蠣，口感鮮甜無比。朋友說，已去殼的牡蠣，烹煮前不必清洗，只要在鍋裡燒一鍋熱水，待滾放入生薑、牡蠣汆燙，就非常鮮美，尚可烹調成多樣料理。

炸蚵仔酥

15

澎湖章魚（石鮔）

石鮔是章魚的一種，澎湖人常稱石鮔為「澎湖章魚」，在地閩南語則稱之為「久固」，別名為石矩、石距、石蚷、石拒、真蛸等，一年四季皆可捕獲，春夏期間為盛產季。依捕獲區域，分為深海石鮔、珊瑚礁淺水區石鮔，後者被公認口感較佳，因此價格高，但現在已很難捕撈。

沙蛸、條紋蛸、短蛸、鹿兒島蛸等，通稱為石鮔。石鮔遇人捕抓，能以足抱石拒人，因此早年文獻多寫「石拒」，近代則多用「石鮔」。石鮔料理前須經揉打，去除黏液，口感才佳。我去北辰市場買新鮮石鮔，通常漁販已事先揉打過，買回家後，即可烹煮。

石鮔鮮美味香，石鮔滷五花肉、石鮔排骨湯為澎湖傳統佳餚。石鮔可增加海味，使料理更富層次，香氣四溢，好開胃。使用石鮔乾猶如南洋料理經常以魚露調味，作用為增鮮，兩者有異曲同工之妙。

石鮔滷五花肉的作法不難。將五花肉切塊或切片後，煎或炸到金黃備用，石鮔乾泡水到變軟，切片或用剪刀剪成條狀，以少許油炒香後放入豬肉，加上醬油、水、冰糖、白胡椒粉、米酒、辣椒、蒜苗調味。先用大火再轉小火慢慢燉煮，有人喜歡加蒜頭、薑、五香粉、八角、青蔥等，調味可視個人喜好調整。

石鮔燉排骨，則是將泡軟的石鮔乾加上排骨稍拌炒後，加水慢慢熬煮，最後投入蒜苗提味增香，這

北辰市場販售石鮔乾的店家說：「目前市面僅剩深海石鮔乾。」售價大小有別，較小的每臺斤七百五十元，較大的肉質更Q彈，每臺斤九百五十元左右。和一般章魚不同，石鮔腕足較短粗，珊瑚礁淺坪地帶的石鮔腕足又比深水區更粗短。

是澎湖傳統煮法，尚可加菇類等食材，使湯頭更富風味。

新鮮石鮔可水煮後，蘸醬油、哇沙米吃。我常以大蒜、辣椒拌炒，或加上鮮蝦、蛤蠣、香菇、鮑魚菇、番茄煮，並且以南洋人愛用的香茅、檸檬葉、南薑、辣椒、紅蔥頭、魚露、檸檬汁、羅望子汁、椰糖調味，煮成泰式海鮮酸辣湯，再泡飯吃，辛香開胃！

石鮔滷肉

石鮔滷肉是澎湖名菜亦是古早味，在當地古早味餐廳淺嘗其味，醬汁鮮鹹，色澤微紫淡紅，五花肉細薄，石鮔比肉多。
我從這道料理得到靈感，結合了先生老家雲林西螺出產的黑豆醬油，以及南洋人愛用的椰糖調味，將石鮔滷肉煮到收汁，湯汁濃稠，帶有焦糖香氣，烹調出具澎湖古早味及我個人風格的「石鮔滷肉」。

材料

石鮔1隻、五花肉320公克、生薑4片、青蔥2根、八角1顆、白胡椒粉 少許、米酒5大匙、椰糖2.5大匙、黑豆松露醬油5大匙、水適量

作法

1. 石鮔洗淨，用熱水泡軟，再用剪刀或刀子切長條狀備用。
2. 青蔥僅取白色部位，切斷拍碎。
3. 五花肉洗淨汆燙，撈出置盤中淋上1大匙米酒，靜待約3分鐘再切塊。
4. 鍋子入少量食用油加熱，放入五花肉塊，煎到正反面呈金黃色，挪到鍋子另一邊，再下蔥白、八角、薑片及胡椒粉翻炒，入醬油、米酒、椰糖、水，大火煮滾，轉小火慢慢煮到收汁，醬汁變濃稠，關火。

料理重點

1. 水要加到能蓋住全部食材。
2. 可將調味翻炒好的食材放入砂鍋中，慢慢以砂鍋熬煮到湯汁濃稠。
3. 如無石鮔，可用魷魚、錢鰻或幾滴魚露代替。

泰式海鮮酸辣湯

泰式海鮮酸辣湯是世界三大名湯，口感酸甜鹹辣又芬芳，深受眾人喜愛！
我是從一碗泡麵得知泰式海鮮酸辣湯。十五、十六歲時，我到臺灣讀華僑中學，住宿舍，某天深夜，我肚子餓，一位僑居泰北的室友曾葦函，給我一包泰國泡麵。泡好後，聞著味道，有種熟悉感，再喝一口湯，更覺親切！我問室友如何烹煮泰式酸辣湯，發現與印尼酸辣湯採用的辛香料幾乎相同！怪不得，似曾相識。

材料

蝦高湯1200cc、大草蝦10隻、香菇4-5朵、石鮔2-3隻、牛番茄1顆、萊姆1顆、羅望子35公克、熱水80cc、香茅1根、南薑5公克、新鮮檸檬葉3-4片、朝天椒10公克、辣紅辣椒10公克、紅蔥頭5-6顆、香菜1根、魚露2大匙、椰糖適量

作法

1. 除高湯，所有食材洗淨，蝦子剪掉蝦槍，石鮔、香菇切片，番茄切瓣，萊姆取汁，羅望子泡熱水約5-10分鐘後取汁、香茅取白色部位拍碎、南薑拍碎再切片備用。
2. 朝天椒、大紅辣椒及紅蔥頭以石臼或食物調理機粗磨，香菜切段。
3. 鍋子入蝦高湯煮滾，放入檸檬葉、香茅、南薑小火熬煮，放進辣椒醬拌勻，入蝦子、石鮔煮到半熟，再入香菇及番茄續煮，倒入羅望子汁及檸檬汁，以魚露及椰糖調味，試試味道，不夠鹹加魚露，太鹹加椰糖。最後撒上香菜，端上桌。

料理重點

1. 蝦高湯，以蝦殼蝦頭加上雞骨、洋蔥、香茅熬煮。
2. 石鮔可改成花枝、中卷等。
3. 傳統泰式酸辣湯多使用草菇、鮑魚菇等。新鮮草菇不好買，因此可以香菇、鴻喜菇、蘑菇、杏鮑菇替代。
4. 辣椒、紅蔥頭亦可剁碎。
5. 新鮮檸檬葉要撕碎，更能釋放香氣。

16

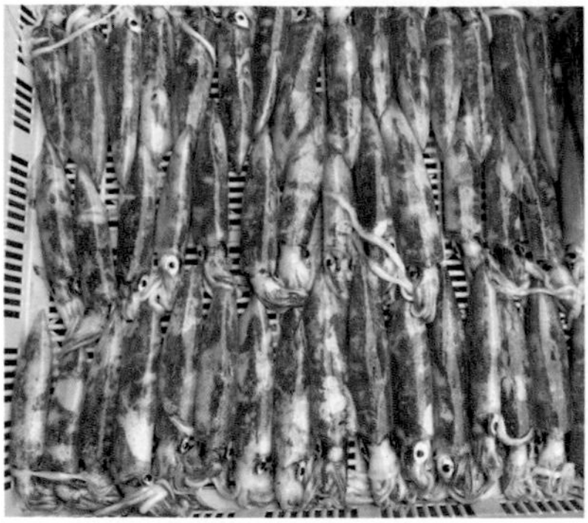

鎖管

鎖管有眾多別稱，市場上還依據大小、長度，區分出不同名稱。漁民說，鎖管剛出生時體型小，總長度二十公分以內稱之為小卷、小管，大於二十公分則是中卷，超過三十公分是透抽，大到五十公分以上則是炮管。前三種鎖管在臺灣本島經常可見，炮管相對較少。

全世界鎖管約有四十九種，臺灣海域有記錄的品種為十種，市面上以：劍尖槍鎖管*Uroteuthis edulis*、中國槍鎖管*Uroteuthis chinensis*為主要品種，不過肉眼難以區分兩者差異。澎湖海域主要以中國槍鎖管為主。中國槍鎖管，別名包括：臺灣鎖管、中國槍烏賊、中國槍魷、中華鎖管等。

鎖管和魷魚長得很像，前者為閉眼亞目，眼睛上有透明的瞬膜，後者則是開眼亞目，無瞬膜。兩者皆屬於管魷目、頭足類，統稱為「魷魚」。市面上容易將兩者混淆，臺灣夜市或烤肉攤招牌寫「烤魷魚」，不少為烤鎖管。

此外，軟絲和鎖管是近親，同樣為頭足類，其他還包括：章魚、花枝等。因為外觀相似，一般消費者難以分辨差異，網路上還因此出現不少文章教大家如何辨別。

依我的觀察，區分鎖管和魷魚的方式主要看兩者的鰭。魷魚的鰭呈三角形，長在尾端處，宛如穿上美人魚造型的衣服，有裙襬，使瘦長的身形看起來有腰

澎湖夏天陽光充足，漁民在港口附近，利用空地曬中卷，以利保存。我喜歡體型較小的鹹小管，口感更細嫩。鹹小管以紅辣椒、糯米椒、蒜頭、紅蔥頭、青蔥加印尼甜醬油拌炒，就成了開胃下飯的菜餚。要不然酥炸配印尼酸辣湯泡飯吃，也非常美味。

身，線條有變化。而鎖管身形瘦長如管子，鰭的長度到身體中間，線條簡單無變化。

澎湖海域生產的鎖管口感鮮美，不僅肉質厚度剛好，比起其他地區的鎖管更有彈性。烹調澎湖鎖管，不必費太多心思，無論火烤蘸玫瑰鹽、南洋參巴醬，汆燙後蘸醬油、哇沙米都好吃。做成酸甜鹹辣的泰式涼拌海鮮，或輪切後以鹽、白胡椒粉、芫荽籽，加蛋白醃漬，再裹地瓜粉炸，並搭配蜂蜜芥末，也很美味。

有時，我會以辣椒、蒜頭、紅蔥頭、番茄打碎成泥後，將鎖管拌炒，成了南洋印尼、星馬地區人愛吃的家常料理——辣炒鎖管，滋味嗆辣又下飯。又有時還會把鎖管煮成義式海鮮燉飯、海鮮義大利麵。再不然與吐司、起士、青花椰菜、番茄泥烤，做成類似披薩的鎖管烤吐司。偶爾加上鹹蛋黃煮成金沙中卷，同樣美味無比。

搬到澎湖後，有時友人會送炮管。朋友說，將炮管水煮後冰鎮，再薄切蘸醬油、哇沙米吃即可，比起中卷、透抽，炮管口感更脆、肉質更厚。市面上炮管較難買到，數量不多，一條售價五百元以上。

酥炸中卷

酥炸中卷炸好後可直接吃，亦可蘸參巴醬、蜂蜜芥末、胡椒鹽，或淋上泰式酸甜辣醬等。此外，還可進一步料理成金沙中卷，輕鬆變換口味。當配菜以外，酥炸中卷也適合當點心、下酒菜。

材料

中卷2隻、芫荽粉1/2茶匙、白胡椒粉適量、金桔半顆、糖1/2茶匙、鹽1/2茶匙、蛋白1顆、地瓜粉適量、樹薯粉適量

作法

1. 中卷洗淨，去除內臟，切輪放入碗中，擱鹽、糖、芫荽粉、白胡椒粉、蛋白、金桔拌勻醃漬約20分鐘。
2. 地瓜粉、樹薯粉混合拌勻備用。
3. 鍋子入油加熱，中卷裹粉入鍋酥炸，直到全部用畢。

料理重點

1. 酥炸時，宜採中小火，避免過熱，外皮焦掉變苦。
2. 可單純裹上樹薯粉或地瓜粉。地瓜粉源自地瓜，口感香甜，但 Q 度不如樹薯粉，而樹薯粉則相反。樹薯粉俗稱「地瓜粉」，原料為樹薯。

食記好吃好玩

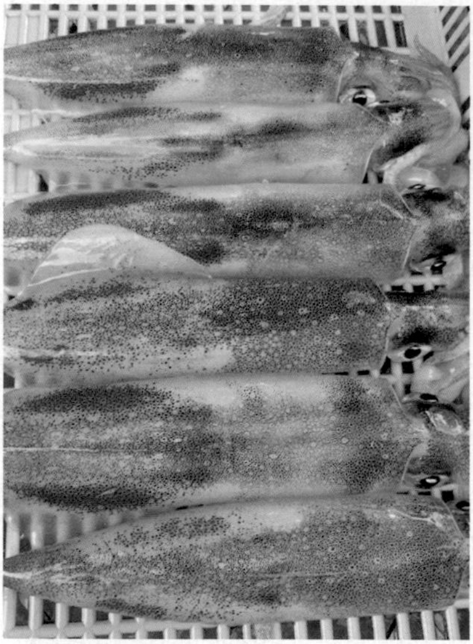
新鮮鎖管剛釣上岸時，身體會變色。

鎖管幼體稱作小卷。

曬乾的中卷，以塑膠繩子綑綁待售。

萊氏擬烏賊，學名：*Sepioteuthis lessoniana*，俗名：軟絲仔、軟絲，澎湖漁民也常稱之為「魷魚」。外觀像花枝。剛釣上岸時，體色不斷變化。

烤中卷

靠鼎中卷

炮管沙拉

小卷麵線

加了蔥和辣椒的靠鼎中卷

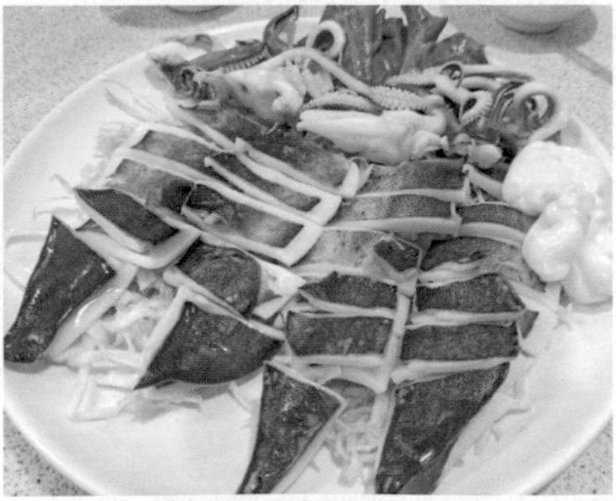

中卷淋上美乃滋

17

金勾蝦

金勾蝦又稱火燒蝦，體型嬌小，蝦殼比白蝦厚，口感脆甜，屬野生蝦，棲息於淺海泥沙處，四季皆可捕獲，北辰市場經常見得到攤販在賣，大多會寫「狗蝦」。澎湖人喜歡在鐵盤鋪上海鹽，擺放金勾蝦放入烤箱烤熟，做法簡單，卻可嚐到金勾蝦的鮮甜。

金勾蝦不易保存，漁民捕獲後通常會急速冷凍，一斤售價約二百五十元，不過冬季時，若遇天候不佳、風浪大，漁民無法出海，價格會飆漲到四百元。市場裡除有新鮮帶殼的金勾蝦，尚有已剝殼或乾燥的金勾蝦。

金勾蝦可用於炒菜、煮湯、做成炸物、火烤等。澎湖最知名的街頭小吃「炸粿」上頭放的就是金勾蝦。金勾蝦可帶殼吃，經高溫油炸後，蝦殼酥脆、香氣十足。若將油炸好的金勾蝦配蒜頭末、蔥、辣椒、白胡椒粉、鹽、酒等拌炒，風味類似「炸溪蝦」，非常開胃、下飯。

曬乾的金勾蝦成了「蝦米」，澎湖北

辰市場金勾蝦米售價一斤六百元，比臺灣常見蝦米，每斤三百五十至四百元略高。金勾蝦米可用來煮絲瓜冬粉、麵線湯、炒米粉、炒青菜等，增添鮮味。有時，我會用金勾蝦米、蝦醬、朝天椒、蒜頭末、紅蔥頭炒「蝦醬空心菜」，融合澎湖海味與南洋味。

剛搬到澎湖時，我不知「炸粿」是何物？經友人解釋後，我想起在金門吃過的「蚵嗲」。「蚵嗲」和「炸粿」外觀很像，但「蚵嗲」通常包牡蠣、韭菜、高麗菜，澎湖「炸粿」內餡則是切細末的高麗菜，少許紅蘿蔔，上頭大方地擺放兩隻金勾蝦，酥脆甜香。

金勾蝦蔬菜煎餅

金勾蝦蔬菜煎餅，口感鮮美，做法簡單，可當點心，亦可當配菜。蔬菜煎餅的材料少不了高麗菜、紅蘿蔔，其它配菜倒很隨興，可依個人喜好、季節調整，如喜歡洋蔥、香菜，可添加一些，使煎餅口感更香甜。

材料

高麗菜70公克、豆芽菜40公克、青蔥20公克、紅蘿蔔40公克、金勾蝦40隻、低筋麵粉115公克、白胡椒粉少許、調味粉少許、鹽1/2小匙、水120cc、蛋白 1顆、食用油 適量

作法

1. 所有蔬菜洗淨瀝乾，高麗菜、青蔥、紅蘿蔔切絲；豆芽菜去尾備用。
2. 蝦子剝皮去頭，之後剁細。
3. 將上列材料放入大碗內，倒入麵粉及所有調味料、水、蛋白，攪拌均勻。
4. 鍋中放食用油加熱，以大湯匙將麵糊舀入鍋中煎至雙面金黃熟透。

料理重點

1. 如喜歡更酥脆的口感，尚可適量加入在來米粉。
2. 金勾蝦可剁碎，亦可直接與麵粉、蔬菜拌勻使用。

18

馬糞海膽（白棘三列海膽）

澎湖海域出產的海膽種類多。食用海膽，以白棘三列海膽為主，學名：*Tripneustes gratilla*，俗稱「馬糞海膽」、「花膽」，其特徵是棘刺短、色澤呈現棕色、白色、綠色。二〇二一年每公斤售價約臺幣二千元以上。我在菜市場買一顆海膽，要價一百五十元，剖殼後，五個生殖腺總重量不到二十公克，足見價格不菲。

海膽外觀有棘刺，殼形圓球狀或半圓形，學名是海膽綱*Echinoidea*，其意為如同豪豬的動物，別稱為「海刺蝟」。巧的是，印尼人以Bulu babi、landak laut稱呼海膽，直譯是「豬毛」、「海刺蝟」。

我詢問漁民，馬糞海膽殼色和棘刺的顏色差異是否影響口感？漁民說，海膽殼色和棘刺主要受其附著的珊瑚顏色影響，例如，周遭珊瑚以棕色為主，馬糞海膽殼色多呈現棕色。若是綠色，則可捕捉到綠殼的馬糞海膽。雖然殼色有別，但口感無異。

不過，隨著過度採捕，海膽產量驟減。為保護海膽生存，澎湖只開放每年七月一日起至八月三十一日可捕捉海膽，這段期間是「澎湖的海膽季」。二〇二一年七月一日傍晚，我正好去菜市場，那天開始有漁民販售海膽。不過那年澎湖的海膽產量比以往少，主因是二〇二〇年末及二〇二一年初寒害造成海膽幼苗大量死亡，導致產量銳減。

海膽可料理成海膽蒸蛋、海膽炒蛋，澎湖有些餐廳還會用仙人掌汁做海膽炒飯。海膽可生吃，或做成

海膽能食用的部位是生殖腺，又稱海膽籽、海膽黃、海膽膏，即海膽的精囊或卵巢，一顆海膽總計有五個生殖腺，色澤黃橙色，口感綿密似魚卵、奶油，入口即化，鮮美好吃！由於海膽口感甘甜滑嫩，深受不少饕客喜愛，更是頂級日式料理食材。

握壽司、海膽丼飯、碳烤、微烤均美味。新鮮海膽不耐放，若不馬上吃，要放入冷凍庫保存，否則會產生水分，外觀成糊狀，口感變腥。

海膽生殖腺雖然美味，外觀看起來也美麗，不過若不小心遭到刺傷，會疼痛好幾天。記憶中，我小時候曾和表姊到印尼海邊浮潛玩水，一不小心表姊的腳底被海膽螯傷，疼痛不已。由於海膽棘刺有毒性，遭到刺傷的腳，需立即清除留在表皮的刺並消毒，避免毒素殘留體內，並造成傷口流膿、紅腫等，如出現呼吸困難等症狀，情況嚴重者，需立即就醫。

至於，海膽殼去除棘刺後、曬乾、加工，還可做成碗盤或裝飾品，別致美麗。

19

紫菜

澎湖有三金，白金、綠金和黑金，白金指土魠魚、綠金是海菜，黑金則是紫菜。三金有個共同點，即盛產期在冬季。澎湖紫菜有兩種，一種為養殖紫菜，另一種是野生紫菜，後者品質佳、價格高，是漁民冬季時，主要經濟來源之一。

澎湖大小島嶼散布海上，加上冬季風浪大，地理條件有利紫菜生長，因此群島中的潮間帶岩礁上可見紫菜生長。紫菜口感脆，屬於紅藻，色澤墨綠帶紫，脂肪含量低，富含DHA、EPA等多元不飽和脂肪酸，以及維生素A、B、C、E，以及鈣、鎂、鉀、鋅、磷等，營養豐富，有利人體健康。

野生紫菜多生長在澎湖北海、南海島礁，北海有錠鉤嶼、雞善嶼等，南海有貓嶼、草嶼、頭巾嶼，南海的紫菜多由附近島嶼居民採收，如望安、花嶼、東嶼坪、西嶼坪，因為無登記制和採收限制，取得的紫菜短小，價格較便宜。

白沙鄉、湖西鄉村民，則往北海無人島採收紫菜，採用輪流和登記制，村民須向廟方購買開採證，方可登島採收紫菜，因為控管嚴格，採收的紫菜品質佳，價格高。

紫菜遇水會膨脹，料理只需加一點即可，多餘的新鮮紫菜放入冰箱冷凍保存。市面上尚有乾燥紫菜，漁民以風乾法曬乾，有利長期保存，可作為伴手禮。

「紫菜炒冬粉」是澎湖名菜，據說早年物質缺乏，冬粉價格貴，而紫菜、海鮮隨手可得，因此澎湖人炒紫菜冬粉時，紫菜、蝦子、花枝等配料比冬粉多，乍看下好像「墨魚麵」。紫菜冬粉爽口、微酸、潤滑，拌炒時除加入一般調味料，還會添加烏醋。

冬季時，收到友人送的紫菜，我大多拿來煮湯，搭配小魚乾、蔥末，以及打散的雞蛋煮成「紫菜蛋花湯」，有時搭配澎湖花枝丸煮。對我而言，紫菜最適合煮湯，沒想過其他料理方式，直到有天到澎湖友人家中用餐，才知道原來紫菜可炒冬粉，口感非常搭配！

紫菜酥

紫菜餅

20

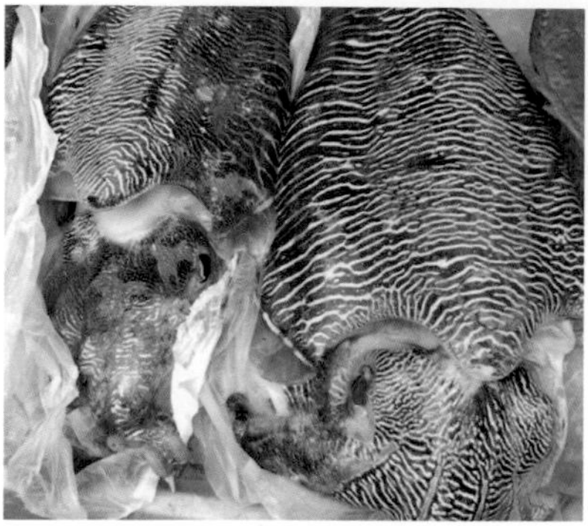

海香菇

海香菇口感脆又Q，猶如蒟蒻，雖名為海香菇，卻非菇類或藻類，海裡更無此生物。海香菇呈長條狀，有類似蛇皮的黑斑紋，其實是虎斑烏賊的皮，更精確的說是經過加工處理的花枝皮。

大約三十年前，在澎湖開始有業者大量生產花枝丸，鮮香美味的澎湖花枝丸非常知名。花枝丸的主材料是虎斑烏賊的肉，由於烏賊皮呈現紫黑色，業者多將皮扒開，確保花枝丸色澤潔白明亮，剩下的烏賊皮棄之可惜，因此有人收集後加工處理。不過，經向澎湖官方、店家、漁民詢問為何稱為「海香菇」，便不得而知。我猜想是烏賊皮黑亮，切開後肉質雪白，口感Q彈，外形、口感均如香菇，便稱為海香菇吧！

最早海香菇的加工法是，將虎斑烏賊皮剝下後，利用海水搓揉，再冷凍販售。隨著加工技術進步，業者將海水改為「高鹽度水」進行加工，使原本薄薄的烏賊皮吸水膨脹變厚，口感更柔軟，重量也增加，成了另一種水產品。

「高鹽度水」即「滷水」，含有高濃度的氯化鎂、氯化鈣，由業者以粗鹽加水調成鹽水，尚有液態鹽滷，以及採用食品改良劑固態氯化鎂調成的鹽滷。市面上的液態鹽滷，或固態氯化鎂是製作豆腐、豆花的食品添加物。因為，每家廠商選用的配方比例不

未切片的海香菇外觀不討喜，甚至讓人害怕，但切薄片後，確實宛如香菇，看起來可口，令人食指大動。大部分澎湖的餐廳業者喜歡將海香菇以蒜末、薑末、辣椒、九層塔，加上醬油膏、米酒等調味快炒，料理成三杯口味，成了開胃的下酒菜。

同，鹽分含量有異。

近幾年，隨著澎湖旅遊的蓬勃發展，餐廳林立，海香菇成為許多海鮮快炒餐廳的特色菜餚，不少遊客相當喜愛，但也有人不喜歡，評價不一。

近年隨著泰式料理風靡國人，海香菇的烹調方式順應潮流產生新吃法，網路上有業者販賣泰式風味的涼拌海香菇，以辣椒、蒜頭、檸檬、糖調味。因為海香菇本身沒有特別味道，一道美味的海香菇料理，靠的就是調味、烹調技巧。

特別提醒，料理海香菇時，務必將海香菇切成薄片，若切太厚，不僅影響口感，且不太易咀嚼。

三杯海香菇

21

海菜

海菜盛產季從十二月至隔年三月，冬季時在澎湖海邊，能見到翠綠的海菜，猶如柔軟毛毯。不過，採收海菜一點都不輕鬆，採收工作大多由澎湖婦女負責，她們忍受寒冷天氣一早就到潮間帶、礁岩上採集，採收完畢後，還要繁複清洗去除雜質，並挑出貝類、細沙、石頭等，耗工費時。

海菜富含膳食纖維、蛋白質、維生素A、B、C、E、鈣、碘等礦物質，有益健康。口感細嫩潤滑，好咀嚼，入口即化，色澤淡綠，明亮討喜。煮狗母魚丸湯、魩仔魚海菜湯、海菜蛋花湯均非常對味，清香鮮美。

市面上有冷凍新鮮海菜與乾燥海菜，新鮮濕海菜多放入塑膠袋或塑膠盒冷凍保存，乾燥海菜則以夾鏈袋密封販售。乾燥海菜比新鮮海菜多了一道曬乾作業，在陽光下曝晒約三天，才可包裝販賣，比起新鮮濕海菜，更好保存、攜帶。

海菜除煮湯，澎湖人還會作成煎餅，即「海菜煎餅」，外觀類似常見的蔥抓餅、蔥油餅，吃法相似，將海菜煎餅煎到酥脆，加上雞蛋，吃的時候淋上醬油膏，香氣撲鼻、口感香酥。此外，尚可作成海菜蛋燒、海菜炸餅、海菜麵線等，簡單料理就很美味。

長在潮間帶沿岸的海菜，翠綠柔軟，是澎湖人的「綠金」。

乾燥海菜便於販售、保存。

撈海菜，澎湖人說「遛海菜」。撈完後要繁複清洗去除雜質，一切靠人力，相當費工。

海菜炸餅。

22

海葡萄（長莖葡萄蕨藻）

新鮮採收的海葡萄晶瑩剔透，翠綠飽滿、脆度高，海葡萄適合生吃，經過高溫烹煮脆度減少。常溫保存即可，理想溫度為二十八度，不要低於二十度，同時不能高於三十度。海葡萄對溫度非常敏感，過高過低，使海葡萄「軟趴趴」，失去鮮味。

海葡萄，別名綠魚子、長壽藻、綠色魚子醬、長莖葡萄蕨藻，口感清脆，帶微微鹹味，猶如鮭魚卵。

海葡萄生長在日本沖繩、印尼、菲律賓、馬來西亞、越南、澳洲北部等亞熱帶無汙染淺水海域，沖繩產量最大，屬高級食材，經濟價值高。早年臺灣人吃的海葡萄，多從日本、菲律賓進口，而且高級餐廳才吃得到。

澎湖海域乾淨、無工業污染，近幾年澎湖縣政府、澎湖科技大學積極研究海葡萄養殖技術，並大力推廣，有不少業者響應養殖海葡萄，以滿足國內市場。海葡萄單價高，成為澎湖人的「新綠金」。

雖然海葡萄生長在乾淨海域，買回來後最好還是用乾淨冷水多清洗、浸泡幾次更佳，有次我發現海葡萄有些綠色小蟲正在蠕動，若不仔細看，難以察覺。

海葡萄低熱量、低脂肪、零膽固醇、高蛋白，營養價值高，富含DHA、EPA、膳食纖維、胺基酸，以及多種維生素、鈣、鎂、鉀、銅等。因為蛋白質含量高，尚能開發成美容保養品原料，製成海葡萄

海葡萄可製成握壽司、搭配生魚片、作成海鮮丼飯，日本人還喜歡淋些醋醬油生食。我認為海葡萄直接生食，無須淋醬料就很美味。在澎湖除生吃海葡萄，尚可烹調成海葡萄煎蛋等，同樣對味。

海葡萄丼飯

海葡萄壽司

面膜、酵素等。根據研究，海葡萄能提高人體免疫力、增強記憶、延緩老化等功用，益處多。

菊島廚房食記：從香料群島漂流到漁人之島

作　　者　南洋料理達人 劉明芳
社　　長　張淑貞
總 編 輯　許貝羚
責任編輯　曾于珊
攝　　影　劉明芳
食物造型　劉明芳
美術設計　闕雅云
行　　銷　洪雅珊

發 行 人　何飛鵬
PCH 生活事業總經理　李淑霞
出　　版　城邦文化事業股份有限公司麥浩斯出版
地　　址　104 臺北市民生東路二段 141 號 8 樓
電　　話　02-2500-7578
發　　行　英屬蓋曼群島商家庭傳媒股份有限公司城邦分公司
地　　址　104 臺北市民生東路二段 141 號 2 樓
讀者服務電話　0800-020-299（9:30AM~12:00PM；01:30PM~05:00PM）
讀者服務傳真　02-2517-0999
讀者服務信箱　E-mail：csc@cite.com.tw
劃撥帳號　19833516
戶　　名　英屬蓋曼群島商家庭傳媒股份有限公司城邦分公司

香港發行 城邦〈香港〉出版集團有限公司
地　　址　香港灣仔駱克道 193 號東超商業中心 1 樓
電　　話　852-2508-6231
傳　　真　852-2578-9337
馬新發行　城邦〈馬新〉出版集團 Cite(M) Sdn. Bhd.(458372U)
地　　址　41, Jalan Radin Anum, Bandar Baru Sri P etaling, 57000 Kuala Lumpur, Malaysia
電　　話　603-90578822
傳　　真　603-90576622

製版印刷　凱林彩印股份有限公司
總 經 銷　聯合發行股份有限公司
地　　址　新北市新店區寶橋路 235 巷 6 弄 6 號 2 樓
電　　話　02-2917-8022
版次 初版一刷 2022 年 06 月
定價 新台幣 380 元／港幣 127 元

國家圖書館出版品預行編目 (CIP) 資料

菊島廚房食記：從香料群島漂流到漁人之島 / 劉明芳作 . -- 初版 . -- 臺北市：城邦文化事業股份有限公司麥浩斯出版：英屬蓋曼群島商家庭傳媒股份有限公司城邦分公司發行 , 2022.06
面；　公分 . -- (愛生活)
ISBN 978-986-408-826-3(平裝)
1.CST: 飲食 2.CST: 人文地理 3.CST: 澎湖縣

733.9/141.4　　111007530